# 紫脉

壶悟人桑黎兵书

桑黎兵 ◎ 著

黑龙江美术出版社

# 雅风新韵 天趣和怡

陶瓷艺术是中国引以为豪的国粹之一，也是奠定堂堂中华成为世界四大文明古国的重要组成部分。纵观中华陶瓷史，可以发现一个必然的现象，陶瓷艺术的每一步重大发展和每个时代产生的特定的进步都和文人的参与密切相关。紫砂艺术与陶瓷艺术相比，虽然发展时间较短，但却是中华陶瓷艺术中最绚烂的奇葩，而她的发展同样是文人参与的结果。苏轼，词、画、书、文皆名动天下，是千年一遇的奇才，至今光华德泽天下。他到宜兴后设计出紫砂提梁大壶，又铭刻其文"松风竹炉，提壶相呼"。至其后，文人莫不把松下抚琴，竹林饮茶视为乐事，自此由晋七贤竹林狂饮烂醉的现象被理性的茶饮所取代，这也是中华文明的一大幸事，理智总比狂想要好。用紫砂壶慢火煮茶，细细品尝也比狂饮杜康更能理解人生，也更利于文人健康。古代中国的读书人少，中华文明史更需要这些多彩的文人来延续，身健神清总是好的。我体弱，少喝酒，茶是极喜欢的。我总想，李白时代如有了紫砂壶泡好茶，这位中国艺术史上最亮星星的光芒应该是可以更灿烂的。

元四家、明四家、四僧、四王这些中国文艺史上鼎鼎大名的人都是到过宜兴的。有学者说这些狂士名流是被宜兴的山水风光所吸引，此言差矣，自唐宋以来，四川即在大中华版图之内；元以来，云贵亦属中央政府。1992年，我随艺术大师吴冠中先生到他的故乡宜兴，为他的传记《圆了彩虹》收集素材。宜兴的风光很是不错，但论短及长，还是江南小小明珠一颗。论山水锦绣，江湖浩渺，宜兴实不及前者二三，他们能来，是为壶美茶香而来。他们都是被宜兴的好茶好壶吸引，此地茶香千里，砂壶冠天下。

清代的陈鸿寿，虽是西泠八家之一，字擅诸体，但在书法史上也仅是一流而已，不足千古。可是在紫砂艺术史上，他却是和苏东坡耸峙的两座高峰，让所有的紫砂人高山仰止。他创新发明的四五十款紫砂壶样式，近二百年来仍为宜兴人民带来巨大的福泽，此文人至功，至德。

小友力武从宜兴每次来京看我都要带上几把好壶送我品茗，这次带来的两把花货壶精美别致，颇具匠心。我平时也很留心宜兴的紫砂作品，却不曾见得，很是喜欢。细看此壶，我对力武说，这壶是个文化人做的吧？应该还是个学艺术的，挺有想法，应该不是个俗人。力武很高兴，大大地把作者桑黎兵夸了一番，又把桑黎兵的壶集取出，让我细细欣赏，这确实是一个勤于思考有良好眼光和品位的年轻人。《松鼠葡萄壶》是个老壶种，被他细细推敲，融堆、贴、绘工艺于一体，把五色土的斑斓夺目都体现了出来；《春江水暖壶》构思更是绝妙，可爱的鸭子把那种世外桃源的快乐带给了天下所有的人。《读书破万卷组壶》也很有意思：那杯把手上的老学儒，正是吾辈的写照，学子们是十年寒窗，而我们这些人是一辈子卧案劳顿，又把茶壶上的钮改成一卷翻旧的书，好构思，奇想法。闲来用此壶品茶，案牍之劳形，必能一喝而过。

正如我所料，桑黎兵是一个优秀的文化人。20世纪80年代初能考上美术院校的年轻人，做过工，读过书，"文革""四化"都经历了，人生经历也不是现在的青年能比的。正因为他有过劳动的经历，所以《田园风情》《壶藤野趣》《丰衣足食》《南瓜》这些作品才能做得如此传神、生动。桑黎兵的老师是陶瓷艺术大家张志安，我以为张志安的才能，在近代的江西，是在全国皆知的黄秋园先生之上，文章学识都是大才。有经历，又苦学，又有大师指点，桑黎兵的成就是可以期许

的。

作为一个长者，我真切希望桑黎兵能像其他的宜兴前辈，做人学徐悲鸿先生，谦独谨慎；思想像吴冠中先生，大胆求变；制壶学朱可心先生，华丽大度，努力做到"壶画合一"的妙境，在紫砂史上留下属于桑黎兵自己的华章。

中国艺术研究院研究员、博士生导师翟墨
2008年后再稿于北京

柔黍兵

紫砂藝術館

　　1985年在紫砂工艺厂从事紫砂陶制作技艺。从艺四十多年，以壶为载体，巧妙地运用"五色土"，采用堆、雕、刻、绘、嵌的艺术手法加以装饰，是其作品的最大特色，为紫砂花塑器的发展开拓了新局面，是这一领域毫无疑问的领军人物。《松鼠葡萄壶》多次在国家级大奖赛中获奖，被国家级博物馆收藏，并曾被国台办选为国礼赠送给连战和宋楚瑜先生。其个人有专利产品三十余件，作品多次在国内电视台播出。

# 桑黎兵
SANG LI BING

江苏省工艺美术大师

正高级工艺美术师

2005·中国紫砂十二精英之一

无锡市非物质文化遗产传承人（宜兴紫砂陶制作技艺）

中国工艺美术学会会员

中国工艺美术学会紫砂艺术学会会员

中国工艺美术学会江苏陶艺专业委员会会员

中国少数民族文物保护协会艺术研究院顾问、副院长

河北省残疾人创业基金会高级顾问

河北省紫砂陶艺协会副秘书长（常务理事）

哈尔滨工业大学茶文化研究会兼职教授

中国美术家协会江苏分会会员

中国人民大学艺术学院紫砂研修班导师

宜兴市紫砂行业协会壶艺专业委员会副秘书长

无锡工艺职业技术学院客座教授

南通纺织职业技术学院客座教授

江苏经贸职业技术学院客座教授

桑黎兵紫砂艺术馆创始人

# 荣誉一览

2000年

《甜甜壶》获第二届中国（国家级）工艺美术大师精品展金奖

2001年

《马到成功壶》获第三届中国（国家级）工艺美术大师精品展金奖

《月亮下面的悄悄话壶》获第三届中国（国家级）工艺美术大师精品展金奖

《祝寿壶》获杭州西湖博览会暨第二届（国家级）工艺美术大师精品展金奖

2002年

《读书破万卷壶》获第四届中国（国家级）工艺美术大师精品展金奖

《包涵壶》获第四届中国（国家级）工艺美术大师精品展金奖

2003年

《包涵壶》获第一届全国陶瓷艺术展"中陶·方圆杯"金奖

《鱼乐我心坦荡壶》被无锡博物馆永久收藏

《全家福壶》获第一届全国陶瓷艺术展"中陶·方圆杯"银奖

2004年

《月光曲壶》被宜兴市列入年鉴

《月光曲壶》获首届宜兴陶艺装饰展评一等奖

《月光曲壶》获杭州西湖博览会暨第六届（国家级）工艺美术大师精品展金奖

2005年

《松鼠葡萄壶》被国台办选为特别礼品，分别赠送连战和宋楚瑜先生

《松鼠葡萄壶》被中南海紫光阁永久性收藏

《蒲塘野趣壶》获首届河北省中国紫砂精品展特别金奖

《流壶》入选第十六届国际造型艺术家协会、美术特展（陶艺）

《穿越时空壶》获第三届中国无锡太湖博览会中国紫砂艺术大展"太湖杯"金奖

《三君子壶》获中国上海国际艺术节第六届中国（国家级）工艺美术大师精品展金奖

《春晓壶》被南京博物院永久性收藏

2006年

《春晓壶》获中国（无锡）吴文化节"吴地风韵"大型展览金奖

《生命与自然壶》获中国上海国际艺术节第八届（国家级）工艺美术大师精品展金奖

《风衣足食壶》获中国上海国际艺术节第八届（国家级）工艺美术大师精品展金奖

2007年

《一鸣惊人壶》获中国上海国际艺术节第九届（国家级）工艺美术大师精品展创新艺术金奖

《生命与自然》获中国上海国际艺术节第九届（国家级）工艺美术大师精品展创新艺术金奖

2008年

《五福临门壶》获中国上海国际艺术节第十届（国家级）工艺美术大师精品展金奖

2009年

《春江水暖鸭先知壶》获中国上海国际艺术节第十一届（国家级）工艺美术大师精品展创新艺术金奖

《五福临门壶》获第十一届（国家级）工艺美术大师精品展金奖

2010年

《年年有余壶》获中国上海国际艺术节第十二届（国家级）工艺美术大师精品展创新艺术金奖

2011年

《松鼠葡萄壶》获第三届（南宁）国家级工艺美术大师精品博览会特别金奖

2012年

《雅风提梁壶》获江苏省工艺美术精品博览会金奖

2013年

《松鼠葡萄壶》获第八届中国花卉博览会艺术馆精品展银奖

2014年

《雅风提梁壶》获江苏省"迎春花"奖

《书法、字画》捐赠给宜兴市慈善会

2015年

参演大型电视连续剧《飞虎队》，出演抗日英雄李九

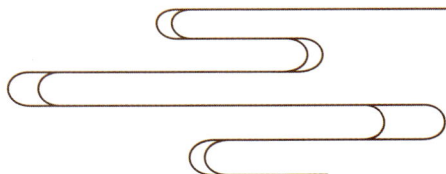

# 紫砂之美 —— 气质篇

有人曾这样评价过章子怡：初出茅庐演《我的父亲母亲》洋溢着青涩之感，随着名气的日益扩展，她才逐渐拥有优雅和高贵的气质。

也有人这样鉴定过紫砂：初见紫砂观摩紫砂时，全无成型之后的或清秀飘逸，或古朴敦厚，或轻快明朗，或粗犷简雅的气质。

## 典雅江南，与生俱来

紫砂是宜兴独有的艺术文化，无论是古时阳羡、荆溪，还是今时宜兴，这一点，可谓众所周知。鉴于此，世人谈起紫砂，就不得不与"宜兴"二字相联系。

古语有云："近朱者赤，近墨者黑。"宜兴那种钟灵毓秀的美景，小桥流水人家的氛围中，不自觉地蔓延到紫砂的内涵之中。

江南的美含蓄、典雅，五千年才孕育出今日紫砂的"百花争妍"，美不胜收。如果说宜兴秀丽，那么紫砂一定有这种气质；如果说紫砂从容，那么宜兴一定是这样。因为早年那颗种子早已在宜兴的泥土里腐化，新生，孕育出嫩芽，而今业已长成茂密大树……

根与土，怎能分开？

## 深沉大度，时间酝酿

在新石器时代，也就是50个世纪之前，宜兴地区就开始了制陶业，时至汉代则更大规模地生产日用陶瓷，这一点亦得到考古学家的证实。

紫砂壶据传起源于宋代，后经历明清时代的发展逐步趋于成熟，并融合了造型、诗词、书法、绘画、篆刻、雕塑等诸多艺术于一体，形成了流传千古的独特艺术。时至今天，通过数百年的传承积淀，紫砂艺术已经日臻完善。

我们今天所谈的"紫砂茶具"，皆由古时的陶器发展而成，当属于陶器茶具发展后的衍生种类。

细数起来，紫砂文化已有5000多年的历史，在这漫长的时光之河中，紫砂的质却不随之腐化，反而越藏愈醇厚；紫砂艺术，例如紫砂茶具，亦在朝代的更迭中得以保存并不断地进步创新。绍兴女儿红因封存十几年得香醇而闻名，名校因经历数百年的风雨洗礼得文化积淀而扬名，紫砂亦因沐浴数千年的文化而凸显风韵。

谁能否认那些在岁月的淘洗中留下的凤毛麟角不是深沉大度，包罗万象的呢？

## 久而不僵，"五色"添翼

有人曾经评价紫砂艺术是"黯淡之光"，然而事实远非人们想象的那样,紫砂是颜色的华丽"女王"。

虽然紫砂原矿的颜色只有三种色彩，即紫、绿和红，但烧制的温度变化，泥料的配比成分不一，可以使烧制后的成品颜色千姿百态。紫而不姹，红而不嫣，黑而不墨，如铁如石，胡金胡玉，具百美于三基色,这五色之说，似乎也不能用来涵盖修饰紫砂之色彩丰富。

如果再在泥中和以粗粒生、熟泥砂等

则谷皱周身，珠粒隐现，更是夺人眼光，使人流连忘返。

中国的陶瓷颜色异常丰富，从唐三彩到明代的官窑青花瓷——号称已经失传了的烧制技术，紫砂在制陶业的迅猛发展中得以汲取甘露，繁衍出自己独特的美学"套餐"，可谓"一枝独秀亦是春"。

### 百变天后，尽显丰韵

在娱乐界，陈慧琳、twins等被称以百变天后的美名，原因是她们总以迥异的风格气度赢得观众的惊叹和赞赏，紫砂亦是如此。

就形象而言，圆形壶，骨肉亭匀，珠圆玉润；方形壶轮廓分明，线面挺阔；仿生壶，主次分明，视觉和谐；筋类壶，纹理清晰，口盖严密。

就造型而言，若以壶比人，则人间百态栩栩如生，其神跃然于壶上：或温润如君子，或豪迈如丈夫，或风流如词客，或飘逸如仙子，或脱尘如衲子……

就工艺而言，仅仅说说工艺线条，单是那丰富而又引人浮想联翩的名称足以吸引您的眼球：凹凸线、凸线、圆线、鳝肚线、碗口线、鲫背线、飞线翻线、云肩线、弄堂线、隐线、侧角线、引角线、阳角线，方线……

就手法而言，光货，圆形珠圆玉润，方器轮廓周正；花货，写实表达逼真，写意表现趣味；筋瓢货，线条脉络有致，卷曲和润……

其实，丰富才是一种恒久的迷人魅力！

### 雅士加盟，锦色添香

工艺精良的紫砂壶，给人高昂情绪的激发，给人气质内敛的含蓄……

而文人的参与提高了紫砂艺术的身份，紫砂壶的雕刻装饰艺术更是集诗词、书画、文学、篆刻、金石等艺术于一体，提高了装饰层次，深蕴了文化内涵。

另外一些收藏家独具慧眼潜心钻研，可谓深得紫砂的意韵，亦使紫砂作品得以发扬光大。值得惊诧的是紫砂作品的普及率之广，在国际性的大酒店，在乡村悠闲的老人手里，随处可见紫砂倩影。从那悠悠的口中，涌出的不是碧波，而是共同的对紫砂的浓浓深情！

### 赏用并存，其乐无穷

如果您了解紫砂，那您一定知道，紫砂是"矛盾的结合体"。因为令人难以置信的两种极端甚至对立的气质同时凸显，高贵与平民的气质。

说她高贵，显而易见之，无论是从哪个角度去欣赏，紫砂给人一种空灵却又厚实的感觉。虽然前身只是一块不普通的"泥"，却绝无半点滞重之气息，反而演绎出泥的宽广与沉实。

说她平民，一定没有人反对。紫砂并不像某些藏品一样，匿于深闺，从不示人。也许某天去朋友家做客，或者在路上游走，不经意间就会瞥见紫砂的倩影，既突兀又自然。

也正是如此，紫砂壶的实用功能很强大，尤其在暑天泡茶，不易变味，兼具她优美的风姿，赏与用于一身，受益匪浅！

人们形容别人的魅力总是以气质动人为最高境界，紫砂壶有丰饶的气质，也是她长盛不衰的秘诀吧！

2014年入选全国美术作品展览

观风听声 己亥夏日于京都 梁蕙人绘于长风堂

# 归 去 来

## ——桑黎兵《松鼠葡萄壶》赏析

长相思，几时还？

蛮古洪荒的年代，逶迤苍山，林木浩瀚；天泉流泻，鸟语花香。谓万物兮葳蕤，众生兮安康。一日，忽降狂飙，飞沙走石，地暗天昏。洪暴之灾于电闪雷鸣间滚滚而来，怒涛汹涌，竟日不退。泱泱苍生，嗷嗷待哺而饱受干戈离乱、骨肉分割之苦。

怅望千秋一滴泪。别离之痛，相思之苦，乃是万世不逾之永恒主题。故国明月，卷帘仰望；清辉遍地，今夕何夕？邀庄子大鹏，遨游天宇，且将那耿耿情思寄予天外，痛复痛兮生生别，悲复悲兮苦苦离。清风皓月下，恩怨一笑，且将兵戈弃了，前嫌尽付东流而共举金樽；是至亲骨肉，毕竟十指连心，血浓于水。

风雨之后，彩虹相见。问天下何事最幸，何故最欢？无异于同胞相见、骨肉团圆。正所谓葡萄美酒夜光杯，琼浆玉液饮不醉；千般忧愁俱忘却，今宵同庆故人回。

此乃桑黎兵先生新近新作《松鼠葡萄壶》之美妙深邃意境。

松鼠葡萄，在中国民间审美习俗中，具有吉祥、祝福之象征意义。谓不尽之意在言外，脉脉深情在其中。早年，紫砂泰斗朱可心先生曾经创作过此类题材，是紫砂花货中要求极高、制作极难之佳品。桑公黎兵熟读历史，深谙传统；独辟蹊径，妙手独具；托物寓意，借景抒怀。取紫砂土中最珍贵难得之古绿泥，可谓伏土经年，反复锤炼；如百年炼丹，颗颗晶莹；又如醇香老酒，弥香久远。壶把、壶嘴与

"的手"为千年古松，枝干苍劲，凌霜不凋而蓄势待发。壶身浑圆饱满，如中秋皎月，人月俱圆；星星点点之碎金，如苍茫夜空，繁星闪烁；又如黄花匝地，纷纷扬扬。此乃紫玉金砂肌理所现，而非人工点缀。温而不火，润而不涩；稳如古玉，质朴典雅；为世界一绝矣。壶上几片嫩叶，青翠欲滴；松间几串葡萄，醉香诱人。融堆、贴工艺于一体，凸现浮雕质感，极具造型功力。枝头几只松鼠，或引颈眺盼，或翩然起舞；活灵活现，呼应成趣。整个壶体色泽和谐，充分体现紫砂五色土之特色，斑斓美目，瑰丽铄金。放眼八极，但见云空碧汉，瑶台清朗；桂香含露，葡枝焕彩，氤氲而来。如此良辰美景，莫不让人无限感怀。人道是壶中一轮明月，诉不尽绵绵乡愁；今宵团圆，有好风相随、好梦相伴；对壶当歌，驱云作彩；石上泉流，风韵清远；人生岂不快哉！

乙酉初夏，日丽高天，适逢连战、宋楚瑜先生相继访问大陆，《松鼠葡萄壶》被选为厚礼相赠，海内外媒体竞相报道，颇有一壶千金之势。紫砂盛世，捷报频传。桑公此壶，名扬天下而光耀艺林矣！

徐风/文

2006年6月20日 — 7月9日于宜兴东山观蛟阁
（作者系中国作家协会会员、国家二级作家、宜兴市文联常务副主席、作家协会主席）

■ 松鼠葡萄

国台办赠送连战、宋楚瑜先生特别礼品

中南海紫光阁永久性收藏

荣获第三届（南宁）国家级工艺美术大师精品博览会特别金奖

荣获第八届中国花卉博览会艺术馆精品展银奖

# 初识宜兴紫砂陶优势

江苏宜兴214221　桑黎兵

"茗注者,莫妙于砂;壶精者,莫过于阳羡。"明代杰出戏曲小说家李渔如是所云。

这并非空穴来风。中国历来就是饮茶的民族,茶道深入寻常百姓之家随处可见,而宜兴紫砂陶天生特有的"宜茶性"使其成为茶具、茶道中的"主流"。所谓"论壶必言紫砂,较茶必用宜壶"正是由此而来。更有甚者,曾经在江南一带有如是传说:有一泥匠,为人砌新房。工时喜热茶,曾遗壶于顶,数载重修方觉。其内温热如故,品之香甜,百思不得其解。虽然这只是传说,但从此处可窥宜兴紫砂陶于茶道之"独领风骚"于一斑。

宜兴紫砂壶,自明清以来长盛不衰,历来冠于壶道、茶道,经得起历史时间的考验必然有其独特的优势。究其优势,大致可以归纳分为先天优势和后天优势。

紫砂壶的先天优势,又表现在以下几个方面:首先从矿源本质上讲,紫砂的学名为含铁质黏土质粉砂岩。它的主要成分是高岭土、云母、石英,并含有数十种氧化金属,其中含氧化铁8%左右;当紫砂壶烧制成器,温度达到1100℃~1200℃之间的时候,氧化铁熔化,在壶体上形成肉眼看不到的气孔,其孔径为0.02毫米。简单来说,经过高温烧制成型后的紫砂陶,它是一种介于陶和瓷之间,属于半烧结的精细茶器。而且它具有特殊的双气孔结构,透气性极佳且不渗漏,因此紫砂壶就拥有了"出气不出水"的特点。正是由于紫砂壶的这种特性,导致它能吸收茶汁,壶经久

用后内壁自然累积出"锈",此时即使不置茶叶,单以沸水冲泡,亦有淡淡茶香。再从另一方面探究,紫砂壶既然作为茶具的一种,就必然注定天生和茶叶为伍,而通过研究可以得知茶叶中含有两种物质——茶碱和茶多酚。茶碱口感"苦",茶多酚口感"涩",这两种物质经高温浸泡后会迅速释放,使茶汤苦涩。然而对于紫砂壶,由于"出气不出水"的特点,它可以自然而然地降低壶内温度,从而使"茶碱、茶多酚"这两种物质被"控制"地逐步释放,达到茶汤香韵皆佳的效果。因此,紫砂壶之所以被世所公认为"主流茶具"的原因,其中"适合泡茶"也是主要的一点。紫砂壶的先天优势还表现在它的色彩方面。"紫砂",顾名思义是紫色的砂泥,但实际上紫砂原矿按其颜色大致可以分为紫泥、红泥、段泥三大类。紫泥夹于地层之下,原矿颜色呈紫色或紫红色;红泥埋于矿层底部,原矿颜色呈黄绿色;而段泥则是紫泥矿层上面的一部分,原矿颜色呈青灰色。而在紫砂壶烧制成型的过程中,因为烧制温度不同,其成型后紫砂壶的色彩质地也各异。因此,紫砂壶色彩质地丰富优美,也是它的一个重要的先天优势,也是它能吸引广大茶友喜爱、成为主流茶具的一个重要因数。

紫砂壶除了上述所说的几点材质本身的先天优势之外,还有许多后天紫砂艺人、紫砂氛围赋予它的独特魅力。首先,紫砂壶仪态万千,工艺造型可谓炫目缤纷。其实紫砂壶的"造型丰富"这一优点,也缘于紫砂的独特材质。紫砂泥可塑

性极高，虽不利于灌浆成型，但其成型技法变化万千，而且成型后胚体强度高，坯的干燥收缩率小，烧成后不易变形，所以适合制作手工精巧的工艺品。因此紫砂壶在工艺造型方面种类繁多，甚至可以堪称举世第一。紫砂壶在造型工艺方面千变万化，总的来说可分为光壶、花壶、筋囊壶三大类，而且由于紫砂造型工艺的丰富，直接导致了紫砂装饰艺术的繁荣。如今在陶都，紫砂装饰艺术可谓门派众多、百家争鸣。虽然紫砂装饰艺术总体上大致可以分为塑雕与线条装饰两大类型，但细细研究可以发现，如今的紫砂装饰艺术在风格、形式、技艺、表现手法等各方面种类繁多、派别各异——紫砂陶刻、紫砂泥绘、紫砂模印贴花、紫砂珐琅彩、紫砂粉彩、紫砂金银丝镶嵌、紫砂嵌泥、紫砂粉色……其次，"紫砂"一词自北宋诞生以来，在无数紫砂逐步融合书法、绘画、诗词、雕塑等多种民族文化于一体后，渐渐形成了传承百年的悠久紫砂文化。书画挥毫、诗词芬芳、茶韵风骚……这一切都使紫砂无论是在艺术性方面还是在人文性方面得到质的提升，并且被作为一种传播在"陶之古都"上的历史文化流传了下来。明末文学名士陈继儒、书画大家董其昌、清初诗人汪柏庭、海宁名士马思赞，更有"西泠八家"中的陈鸿寿、著有《壶史》一书的朱坚以及声名千古的郑板桥、任伯年等，这些紫砂文化历史上的名士高朋合计高达九十多人。这是紫砂在民族文化方面无可估量的财富价值体现，也是紫砂壶与其他茗壶相较而言的优势所在。紫砂壶不仅仅只是一把泡茶品茗的简单茶具，在这一壶香茶中你可以隐约闻到积淀了数百年后紫砂的悠远芳香。也正因为如此，一些紫砂史上著名的历史壶可以价值连城，能为人们视若珍馐，永久典藏。但老壶、旧壶并非单单只是因为其自身蕴藏着丰富的历史价值而珍贵，有句紫砂文化的俗语

"陶人制壶必需养土，茶人玩壶必须养壶"。一把平凡的新壶经过长时间的精心"保养"，也许它的价值就会翻倍甚至更多，也许再经过长久的沉积之后它就不再平凡！紫砂的色彩虽然美丽多彩，但对于壶人而言，紫砂壶最美丽的色彩还是经过数年甚至数十年"茶浴""抚摩"后老壶所散发出的那种宛若传说中的"黯淡之光"。《茶笺》中这样说道"摩掌宝爱，不啻掌珠。用之既久，外类紫玉，内如碧云"，而《阳羡茗壶系》也同样如是说"壶经久用，涤拭日加，自发黯然之光，入可见鉴"。因此，老壶、旧壶在经过时间、茶人的催化之后自身产生的"质变"也是其无法估量的价值体现。

最后，紫砂壶既然作为实用茶具的一种，就不得不说一说它在实际功用方面有何优点。不管前面提到它有再多优势，假如它失去了实用价值的话，那么它也不可能成为茶具中的主流，也不可能成为一种理想的茶具。简单来说，对于紫砂壶，它的造型决定了它适合泡怎样的茶，这其中存在固有规律。例如仿鼓壶，身筒矮不易储温，这种造型特别适合泡绿茶，用它泡绿茶，茶不易泡老，能较好地展现出绿茶滋味清爽、鲜活的特点。再如水平壶，肚大保温，口小不易散香，这种造型适合泡乌龙茶，它容易表现出乌龙茶香气浓郁持久、滋味醇厚甘甜的特点。所以说紫砂壶可以根据不同种类的茶量身定做，满足不同茶人的饮茶习惯需求。

紫砂，可赏之、可用之，可藏之、可传之。总的说来，宜兴紫砂壶在众多茶具中的优势显而易见，一时亦难言尽，但无须再有多言，且喝壶紫砂茶，细细自品之。

# 浅谈紫砂装饰艺术中的书画诗情

江苏宜兴214221　桑黎兵

【摘要】中华民族的文化悠久而丰富。甲骨文汉字是世界上最古老的三大文字系统之一，其中古埃及的圣书字，两河流域苏美尔人的楔形文字皆已失传，仅有中国汉字沿用至今；中国国画同样历史久远，远在战国时期就出现了丝织品上的绘画——帛画，而在这之前还有更悠久的原始岩画和彩陶画；中国的诗歌起源于《诗经》，后有楚辞，汉有乐府，而盛行于唐宋，谓之"唐诗宋词"，由此可见中国诗歌的博大精深。紫砂艺术的历史与三者相比，不过区区数百年而已，然而数百年的发展就已使紫砂艺术文化融书画诗词于一体，故紫砂文化在历史长河中长盛不衰的原因不言而喻。时至今日，书画诗词遍布于紫砂装饰艺术之中，以不同的形式、不同的内涵推动着紫砂艺术的兴盛。

【关键词】紫砂艺术　书画　诗词

"书画诗词"在紫砂艺术中屡见不鲜，无论是光器还是花货，很大一部分都运用"书画诗词"的内容形式进行壶体装饰。以"书画诗词"来进行紫砂艺术装饰，不但增添了紫砂陶艺本身的文化气息，更是把"书画诗词"的艺术魅力引入紫砂艺术并吸收发扬，逐步孕育出具有紫砂器皿上独特风貌的"书画诗词"形式来。

## 一、书法、汉字在紫砂装饰艺术中的使用

中华民族的汉字历史非常久远，相传汉字起源于"仓颉造字"，距今约有五千多年的历史了。从历史角度来看，汉字在世界语言文字艺术中独树一帜，是世界上最古老的象形文字之一，随着历史的发展、时代的变迁，汉字经过图形文字、甲骨文字一直到今天，也就成了迄今为止唯一仍在使用的具有象形寓意的文字。

汉字的历史悠久，既可以作为图形去认识，也可以作为语言工具去使用，正是由于汉字具有如此独特的艺术魅力，使得它在装饰艺术中的使用功能得到了进一步的诠释。那么，汉字在装饰艺术方面与一般其他文字相比有着怎样的优势呢？

1.汉字在装饰艺术中形式处理空间大

与阿拉伯文字或英文字母相比，这二者笔画简单，不便于形式处理；汉字笔画复杂，容易在装饰形式上进行形象艺术化的处理。

2.汉字是象形文字，具有装饰性的外延意义

由于汉字象形文字的特征，因此在对其进行变形装饰化后，它既可以表达其文字意义的内涵，还可以准确表达其装饰后的外延意义。

3.书法、篆刻艺术大力发展，极大地丰富了汉字的艺术气息

中国书法是汉字的书写艺术，大篆、小篆、隶书、草书、楷书、行书诸体，书法独特的艺术魅力又通过篆刻艺术跳出了纸笔的束缚，被运用到陶器、瓷器等工艺的装饰艺术中。

陶都紫砂艺术脱胎于陶瓷艺术，汉字在陶瓷装饰艺术上的成就也被带入了紫砂装饰艺术中来。紫砂艺术中的书法、篆刻艺术既是形式艺术，又是装饰艺术，在紫砂壶体上进行书法篆刻讲究运笔走锋、运刀凿线，实质是在讲究汉字的线的排列组合中形成硬与软、粗与细、长与短的对比；在汉字的外形上形成大与小、方与圆的对比；在整体关系上形成聚与散、疏与密的节奏韵律的对比。因此，紫砂艺术中的书法、篆刻装饰艺术既是作为文字加以认识释放其内涵意义，又是作为装饰艺术拓展其外延意义的具体表现，使用书法篆刻汉字的紫砂艺术作品具有独特的艺术魅力和象征意义，表达出更为准确的文化内涵。

细细观之作品《书道》可以发现：此壶壶体上的篆刻文字艺术充分体现了汉字装饰艺术是形式艺术与装饰艺术结合的特征，类似图形文字的金文篆刻极大地丰富了紫砂艺术的历史文化内涵，映射了汉字艺术古老的艺术魅力，与壶盖上醒目的毛笔造型呼应，寓意了"书道"之道在于积累传扬。再看作品《读书破万卷》，正是壶体上苍劲的书法篆刻装饰进行了文字外延形象意义的诠释，不但丰富了紫砂艺术的内容形式，更是增添了其雄浑气势的艺术神韵。

二、中国国画在紫砂装饰艺术中的使用

在紫砂装饰艺术中，除了汉字的书法篆刻艺术被广为运用之外，使用中国国画来进行紫砂艺术装饰也是极为普遍的。在紫砂装饰艺术中，被使用的中国国画内容形式一般有历史人物画、江山山水画以及花鸟草木画等，而使用的艺术装饰手法一般有雕刻、泥绘等。

紫砂装饰艺术中的中国国画形式在观察认识、形象塑造和表现手法上，体现了中华民族传统的哲学观念和审美观，在对客观事物的观察认识中，采取以大观小、小中见大的方法，它渗透着人们的社会意识，又有着"恶以诫世，善以示后"之类的教育作用的内容形式。即使山水、花鸟等纯自然的客观物象，在观察、认识和表现中，也不自觉地与人的社会意识和审美情趣相联系，借景抒情，托物言志，体现了中国人"天人合一"的观念。中国国画在紫砂装饰艺术的创作上重视构思，追求艺术形象的主客观统一，造型上不拘于表面的相似，而讲究"妙在似与不似之间"和"不似之似"。

作品《飞龙在天》以中国传统文化形象中的图腾——"龙"入题，采用浮雕雕刻的装饰艺术手法，具体造型上不拘泥于形式，追求龙的神韵，在风云变化之间，勾勒了一幅东方神龙施云布雨的画面形象，充分地表达了作为中华民族的图腾庇佑神州的意想。"龙"的形象只是存在于中国古代神话中，因此"龙"这一主题事物具体形象的塑造没有固定的参照，只是依据文献描述，在"似与不似之间"刻画它的真谛。

作品《江山如画》则是采用泥绘的紫砂艺术装饰手法，意图表达祖国江山风光的美好。在艺术表达上，采用以大观小、小中见大的手法，攫取美丽江山之一隅，然而其风光之美好足见祖国江山美丽的广阔无垠。

三、中国古代诗词在紫砂装饰艺术中的使用

紫砂艺术起源于北宋而盛于明清，与

## ■ 书道

陌室凄凉夜攻书，寒风隐隐残桌烛，怜问旧文几回焚，笑道十年笔未熟。

之对比，中国古代诗词的兴盛历史则悠久深远得多，在唐宋时期就已经达到了鼎盛，世有"唐诗宋词"之誉，可见一斑。在中华历史文化长河之中，诗词以它独特的韵律魅力而翘楚于众多文化之上，紫砂艺术与诗词文化的结合可以追溯到明清紫砂艺术的鼎盛时期。诗词在紫砂造型装饰艺术上的使用，明末清初即已有之，但不多见，时至清代嘉庆、道光年间，许多文人名士为紫砂写诗赋词，更有甚者与当时紫砂艺人联手直接参与紫砂造型装饰的设计创作。

时至今日，紫砂艺术又逢鼎盛之期，如今诗词在紫砂装饰艺术中的使用，内容形式多样，归纳来说，按其诗词表达的内容一般可以分为文化型的诗词装饰与铭文型的诗词装饰。文化型的诗词装饰指的是紫砂装饰中的诗词内容与壶之间没有直接的联系，只是由创作者选择历代文人墨客的雅作佳句适宜地沿用到紫砂装饰艺术中来，一般此类诗词装饰内容只起到增加紫砂整体艺术的文化气息的作用。铭文型的诗词装饰指的是紫砂装饰艺术中的诗词内容以紫砂整体艺术想要表达的主题为主

体，由创作者或者其他文人为具体某件作品专题填诗赋词，再以铭文的形式装饰到壶体造型之中。此类诗词装饰内容不但起到了增加紫砂整体艺术文化气息的效果，更是对整体艺术创意最有文化素养的诠释与延伸。

另一方面，紫砂装饰中的诗词装饰在装饰形式方面，采用的是具有形象外延意义的汉字书法篆刻装饰手法，因此往往除了在诗词内容上可以进行创意设计之外，在具体装饰形象方式上也可以充分利用汉字书法篆刻装饰的优势，二者相结合达到更好、更理想、更有深度的紫砂装饰目的。

紫砂是一门极具文化色彩的民间艺术，在它之中融合了中国历史上许许多多的其他文化的内涵，"书画诗词"只是紫砂装饰艺术其中的一部分，然而就是这其中的一部分也值得无数紫砂艺人结下一生的艺术情缘，去了解它、分析它、发展它、传承它，确保它的兴盛繁荣而不衰。

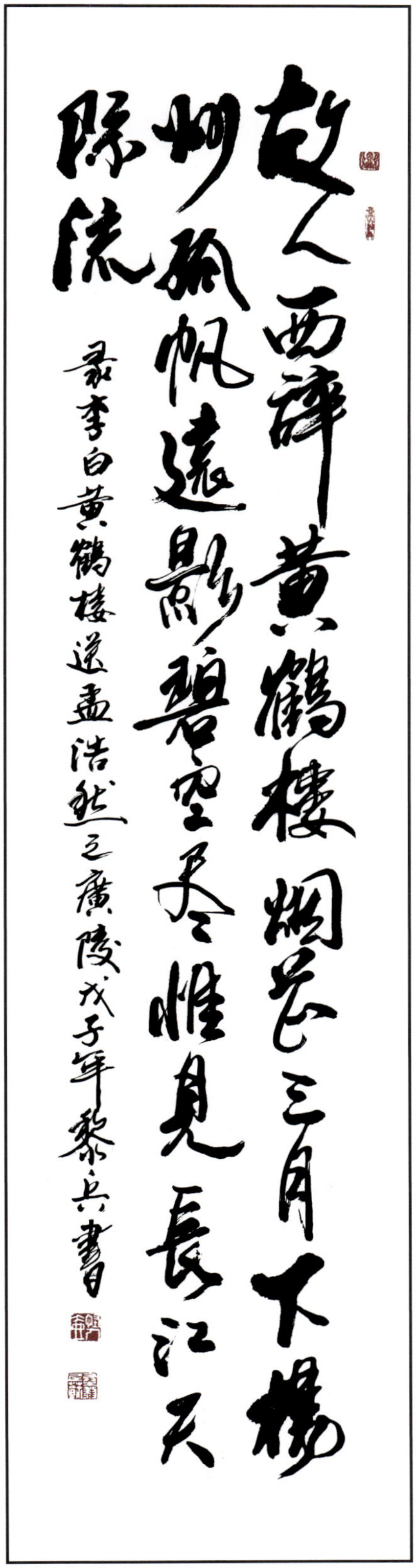
故人西辭黃鶴樓
烟花三月下揚州
孤帆遠影碧空盡
唯見長江天際流
录李白黃鶴樓送孟浩然之廣陵
戊子年黎兵書

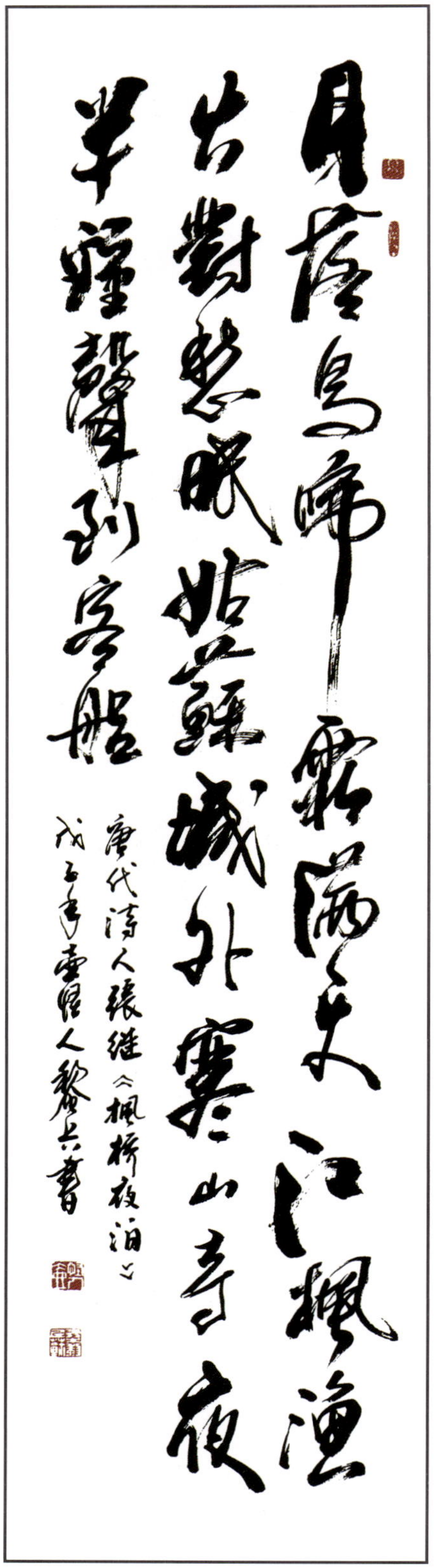
月落烏啼霜滿天江楓漁
火對愁眠姑蘇城外寒山寺夜
半鐘聲到客船
唐代詩人張繼《楓橋夜泊》
戊子年壺隱人黎兵書

## ■ 读书破万卷

读书破万卷，茶香传千里。壶艺数十载，下笔方有神。

第四届中国(国家级)工艺美术大师精品展金奖

# 论紫砂壶的渊源和魅力

江苏宜兴 214221　桑黎兵

"丹心凝朱泥，冰壶藏日月"，从古至今，无数文人雅士、凡夫俗子，在把玩紫砂壶的浮生之暇也都在不自觉地体悟着现实和理想中的人世与人生。而此时静默的紫砂壶也借着壶内水温和饮茶者紧贴壶体的手温有了文化的温度。中国人饮茶，讲究用好的茶具，紫砂壶则是首选。由于其既有内在的实用价值，又有外在观赏价值，所以紫砂壶受到越来越多的人的青睐。

紫砂壶的起源可以一直上溯到春秋时期的越国时的范蠡——那位功成身退的与西施一起退隐江湖的"陶朱公"。不过，紫砂做成壶，那还是明武宗正德年间以后的事情。而紫砂茶具起始于宋，盛于明清，在明代中叶以后，逐渐形成了集造型、诗词、书法、绘画、篆刻、雕塑于一体的紫砂艺术。北宋梅尧臣《依韵和杜相公谢蔡君谟寄茶》诗中道："小石冷泉留早味，紫泥新品泛春华。"明代正德年间紫砂茶具开始兴盛，根据明人周高起《阳羡茗壶录》的"创始"篇记载，紫砂壶首创者，相传是明代宜兴金沙寺一个不知名的寺僧，他选紫砂细泥捏成圆形坯胎，加上嘴、柄、盖，放在窑中烧成。明代嘉靖、万历年间，出现了一位卓越的紫砂工艺大师——龚春（供春）。供春在实践中逐渐改变了前人单纯用手捏制的方法，改为木板旋泥并配合着竹刀使用，烧造的砂壶造型新颖、雅致、质地较薄而且又坚硬。供春在当时就名声显赫，人称"供春之壶，胜如金玉"。这位民间紫砂艺人最早地把紫砂器推进到一个新境界，供春壶成为紫砂壶的一个象征。明清两代，宜兴紫砂艺术突飞猛进地发展起来。名手所作紫砂壶造型精美，色泽古朴，光彩夺目，成为艺术作品。从万历到明末是紫砂器发展的高峰，前后出现"四名家""壶家三大"。"四名家"为董翰、赵梁、元畅、时朋。董翰以文巧著称，其余三人则以古拙见长。

到了清代，紫砂艺术进入了鼎盛时期。砂艺高手辈出，紫砂器也不断推陈出新。清初康熙开始，紫砂壶引起了宫廷的高度重视，开始由宜兴制作紫砂壶胎，进呈后由宫廷造办处艺匠们画上珐琅彩烧制成珍贵的雕漆名壶。雍正也曾下旨让景德镇按照宜兴壶的式样烧制瓷器。乾隆七年宫廷开始直接向宜兴订制紫砂茶具，至此紫砂壶成为珍贵的御前用品。这一时期紫砂大家有陈鸣远、邵大亨等名家。乾隆晚期到嘉庆、道光年间，宜兴紫砂又步入了一个新的阶段。紫砂茶具式样繁多，所谓"方非一式，圆不一相"。

在紫砂壶上雕刻花鸟、山水和各体书法，始自晚明而盛于清嘉庆以后，并逐渐成为紫砂工艺中所独具的艺术装饰。不少著名的诗人、艺术家曾在紫砂壶上亲笔题诗刻字。最著名的是陈鸿寿，字子恭，号曼生，此人工于诗文、书画、篆刻，时任江苏溧阳知县，特意到宜兴和杨彭年制壶，创造了著名的曼生十八式。所制壶形多为几何体，质朴简练、大方，开创了紫砂壶样一代新风。曼生壶铭极具文字意趣，至此中国传统文化"诗书画"三位一体的风格至陈曼生时期才完美地与紫砂融为一体，使宜兴紫砂文化内涵达到了一个新的高度。

起于工艺，止于艺术和文化。紫砂壶以其独特的魅力不断赢得人们的青睐，中国的紫砂壶，已经成为中华文化中不可或缺的重要一支。但综观今天我国紫砂壶这一传统工艺继承发扬的现状，我想谈一下个人的看法：

首先，紫砂陶艺的创新须立足于传统，植根于传统。众所周知，宜兴紫砂自宋初创到明代日益成熟，清代继续发展至今长盛不衰，以其制作技艺精湛，造型千姿百态、古朴典雅、端庄大方等传统风格而名闻中外，深受广大紫砂爱好者的喜爱。在宜兴紫砂的优秀历史传统宝库中，凝聚了历代艺人的无穷智慧和心血，是值得我们继承和学习取之不尽的源泉。宜兴紫砂陶艺传统风格简言之，就是端庄、大方、素面素心、质朴自然。

其次，紫砂陶艺艺人必须具有较高的文化素养和书画的功底。壶艺泰斗顾景舟大师在他的《壶艺的形神气》一文中强调："壶艺的创新如能做到形、神、气三者融会贯通，方可称为佳作。"并精辟地指出："当我们表现形象时，便会用内涵的精神——气质来丰富形象的本身。"而要达此境界，若没有较高的文化素养是不行的。

最后，壶艺创新须注重与文化人的密切联系。宜兴紫砂的发展史可以说明，历代文人雅士在紫砂陶瓷艺术发展的历史过程中起过重大的作用。早在明代，紫砂大家时大彬就很重视与文化人的结合，他在后期被文人相邀游历了娄东（今上海松江），与众多嗜茶文人学士亲密接触，例如改制小壶，壶艺风格为之一变。到了清代嘉庆、道光年间，著名金石书画家陈曼生与名工杨彭年配合，曼生亲自设计十八种壶式，交杨氏亲手制作，曼生在杨氏所制的坯上镌刻书画，并署"陈曼陀宝"款，从此开创了金石镌刻、书画艺术与紫砂壶艺和谐结合的新格调，而获得了"字随壶传，壶随字贵"，"名工名士，相得益彰"的崇高赞誉。

## ■ 月光曲组壶（九件套）

被宜兴市列入年鉴

第一届全国陶瓷艺术展"中陶·方圆杯"金奖

杭州西湖博览会、第六届中国(国家级)工艺美术大师精品展金奖

第八届全国陶瓷艺术设计创新评比铜奖

首届宜兴陶瓷装饰展评一等奖

月光曲
词：徐风

子规声里风云隐，
阳美壶月饮不尽。
千古人世来眼底，
万顷玉界无岁痕。
扁舟一叶随风去，
泛浪千帆伴君行。
好梦一觉鬓未白，
佳人萧声同此心。

# 浅 谈 紫 砂 塑 器 装 饰 （一）

江苏宜兴214221　桑黎兵 朱亚琴

紫砂壶历来在工艺上可以分为花货与光货两大类。而世所普遍认知，花货易为，光货难做。换言之，许多人认为光货是返璞归真，乃是紫砂艺术之上乘。其实，事物能历千百年之传承而未衰，必定有其存在的特定必然因素，紫砂壶中的花货亦然！紫砂壶中的花货，如果按其装饰艺术细细再分，又有书法、绘画、金石、篆刻等诸类装饰艺术之别，甚至将各种手法融合于一体，整体中见其精华。众所周知，一般的瓷器装饰，大都以彩绘或喷彩为主，笔巧施画面，但紫砂装饰工艺却是别具一格，以刀代笔，以其独特手法铁画银钩，神韵怡然。然而紫砂装饰术能沿传百年的奥秘更在于其实现了艺术与艺术的结合，融合书法、绘画等民族特色艺术，流派纷呈，使其艺术境界与艺术价值大幅提升。

紫砂装饰艺术如果细细追溯历史可以回溯到宋代，那时实际上只是艺人用竹笔署名落款而已，时至明清，文人墨客对于茶道的钟情，导致紫砂与书画词赋结合的必然，从此紫砂装饰艺术蓬勃发展，流派纷呈，甚至流传"壶随字贵，字随壶传"之说。而自20世纪90年代以来盛行于紫砂装饰艺术流派中的"紫砂塑器装饰画"，更是以其新颖的表现形式别具一格！紫砂塑器装饰画，不流于传统艺术手法，完全采用全新的表现手法，以紫砂"五色"的原色，以作者的思想情趣入画，实现造型语言与装饰语言的完美结合，追求"壶画合一、相得益彰"之境界。

紫砂装饰艺术源于宋代，历史悠久，长期以来形成了完整成熟的传统艺术表现手法——自然形体、写实装饰。而紫砂塑器装饰画采用全新的表现手法，首先表现在采用纯正的紫砂五色土原色原貌，充分展现五色土的色彩语言，丰富美妙。紫砂泥被称五色土之说颇具神话传说色彩。相传有一异僧行经村落，其呼卖"富贵土"，亲人皆笑其疯癫，僧不以为重复再呼"贵不欲买，买富如何？"遂引村民上山，指点"黄龙"蕴藏不尽富贵，言毕而去。村人发掘，果得一"五色缤纷土"——红、黄、绿、青紫，灿烂光亮，奇丽炫目。自此之后，众口相传。蜀山村民遂以五色奇土烧制紫砂。无须考证这一传说真伪，即使多半为神话传说，但紫砂之五色确是无疑众知的。质性特殊的紫砂原泥，黏中带砂，柔中见刚富有特性，更独特的是颜色鲜艳多彩——紫色的泥砂、乌色的黑砂、橘色的黄泥、猩红的朱泥、黛色的绿泥，斑斑斓斓，被誉为"五色土"。紫砂塑器装饰画正是立足于这一点，充分展现紫砂五色的炫目多彩如画而成画。先以天然美色成诗画，宛如清水芙蓉去雕饰，再以寻常生活为画卷，追求艺术自然无为之画境。举例来说，笔者作品《百福》正是突出表现了这一效果。纵观全壶，整体壶面大幅装饰，运用五色色彩变化自然、层次分明、深浅融洽。壶底部采用深褐色浓墨打底，稍上以深褐红色，再上以橙黄淡色，至壶肩及壶盖用以浅蓝，使整个作品色彩自然变幻宛若天成，充分展现紫砂塑器装饰画在泥色配比运用方面所着重的现代新潮意识。而在笔者的其他作品之中，也可以看出紫砂塑器装饰画泥色配比方面的独到之处，而其中《荷塘蛙声》《世外桃源》更是在这基础上，强调了以"自然生活为画卷"这一主题特色。

紫砂塑器装饰画的成功所在，另一方面还注重于"以作者的思想情趣入画，讲究作者创意与画面语言的和谐统一"，即所谓以意入画。所谓"画"，即是紫砂五色塑造的语言形象；而所谓"入画"，即是把作者的思想情趣融入画中，以紫砂塑器语言充分表现作者的思想情趣，作者创意的成功与否，与画面语言表现有着直接关系。以《鱼乐我心坦荡》作品为例，画面自然表现荷叶、游鱼、戏鸭所组成的一幅荷塘风景画。整体壶型由抽象荷塘而成，饱满的形体由浅入深，顺畅的主线与变化的曲线交织进行，从而使壶体的顺畅流线与荷叶的凹凸曲线形成动静对比，以增加形体的空灵感。游鱼用浅浮雕镶嵌而成，浮雕与绘画相结合，达到与立体"戏鸭"成鲜明对照效果，最终使紫砂塑雕、浮雕、绘画手法与作者的思想创意情趣有机结合，达到形神兼备的艺术效果。再如《春江水暖鸭先知》作品，以千古名句"蒌蒿满地芦芽短，春江水暖鸭先知"入意，表现出作者"春江春潮春暖江南"的创意。作品以"一江墨绿春水绵延贯穿"入题，江岸千丝杨柳桃花盛开，而"江中游鸭嬉戏"借以铺开画卷，自然地完全展现"春江水暖鸭先知"这一主题意境。桃红柳绿江南岸，画面空间仅用几缕春江水联结，既在形式上使画面均匀对称、协调统一，又在意境上表达出"春风又绿江南岸"之境，突出表现"春暖"之意，起到画龙点睛之效，衍生悠闲情趣和惬意情

感。

紫砂塑器装饰画，除了注重"以色为画""以意入画"这两点之外，还非常注意造型语言与装饰语言的完美结合。造型语言与装饰语言相辅相成，难以划清界限。造型语言与装饰语言的完美结合，像天然瓜果表皮的色彩和纹理，和谐自然而又完美，无法挑剔。然而紫砂作品毕竟是"人工合成"，制作工艺复杂，又经炉火考验，装饰语言和造型语言脱节现象，画蛇添足、牵强附会之说也是有的。一般来说原因有二：其一是装饰观念不正，忽略为主体造型服务，而把主体当纸面，变成追求"纯绘画"语言；其二是装饰方法未抓住要点，而所谓的装饰要点就是装饰形象的影象与空间。所谓影象，即是装饰形态的外轮廓形象，而空间就是指各外轮廓形态之间的空隙，二者构成了装饰语言的生命，运用得宜，方能使形态鲜明清晰，骨架完整，给人以深刻印象。例如作品《飞龙在天》，以家喻户晓的"龙"的形象占据整体画面，充分结合外轮廓形态，再以嵌、绘、描、塑、雕等各种技法结合"空间"表现"龙"这一主体形象。另外细说的话，该壶在"龙"这一形象表现上运用了熟练的微刻、微雕手法，用镂空、镶嵌、细刻、浮雕等手段，使其龙须、龙麟、龙眼、龙爪处理各不相同，精致而细腻，再配以云雾、喷水等画面，使人在欣赏画面的同时，充分体验紫砂工艺技法的历史传统，深厚基础。紫砂塑器装饰画，在探索中逐步走向成熟，在紫砂艺海中别起一帆，以色为画、以意入画，以高绝的装饰语言结合造型语言，追求"壶中画，画中壶，壶画合一"的极境，势必会随紫砂历史长河源远而流长。

■ 飞龙在天

衔烛耀幽都，含章拟凤雏，
西秦饮渭水，东洛荐河图。
带火移星陆，升云出鼎湖，
希逢圣人步，庭阙正晨趋。

# 试论紫砂塑器装饰（二）

江苏宜兴 214221　桑黎兵 朱亚琴

宜兴紫砂塑器装饰画是20世纪90年代以来流行于紫砂装饰流派中别具一格的新颖的表现形式。它不同于传统的紫砂塑器沿袭采用的自然形体与写实装饰，亦不同于在方圆等几何形壶体上进行堆雕装饰。紫砂塑器装饰画采用全新的表现手法，即采用调配成的优质紫砂五色土，追求紫砂造型与装饰语言的和谐，使作者个性、情趣、志向、创意和作品融洽一起，达到"画中壶""壶中画""壶画合一"的意境，具有一定的民俗风貌和中国画气息。紫砂塑器装饰画语言简洁，形体抽象，内容别致，天然妙成的风格深受壶界的好评与藏家的认同，作品盛销不衰，在市场竞争中赢得声誉。笔者在紫砂塑器装饰画的探索实践中不断尝试，不断进取。现就紫砂塑器装饰画作一探求，还望方家指正。

紫砂塑器装饰画重点讲究创意与画面的和谐统一。所谓"画"，即是紫砂塑器的语言，即是用紫砂五色土塑造的语言形象。作者在创意上的成功与否，与画面的表达有直接的关系。《鱼乐我心坦荡》紫砂作品，以荷叶、游鱼、戏鸭组成一幅荷塘景色。壶形为抽象荷塘，饱满的形体由浅入深，顺畅的主线与变化的曲线交织进行，形成静与动的对比，以增加形体的空灵感。游鱼用浅浮雕镶嵌而成，浮雕与绘画结合与立体的戏鸭形成鲜明对照，使紫砂塑雕、浮雕、绘画手法与作者的创意情趣有机结合，达到形神兼备的艺术效果。同样《春江水暖鸭先知》以春江春潮春暖江南为创意，以墨绿的一江春水绵延贯穿，在游鸭的嬉戏耍乐间，桃红柳绿的画面仅用几缕春江水联结，既使画面均匀对称，协调统一，亦使人体味到"春江水暖"这一创意主题，起到画卷的点睛之笔，使人产生悠闲的情趣和惬意的情感。

紫砂塑器装饰画同样讲究泥色的变化与肌理的效果。"色"即为紫砂五色土的运用、配比、选择。色泽的对比效应、色泽层次的变化与统一、局部与整体的关系等等要恰到好处。"色"在塑器装饰画面上的运用相当重要，假如错位，非但起不到装饰效果，而且是"南辕北辙"，使作品不伦不类。

在"五色土""色"的表现形式上，作品《百福》的效果较为明显。《百福》的整体装饰层次分明，深浅融洽，壶底部采用深褐色浓打底，稍上用深褐红色，再上用橙黄淡色，至壶肩部及盖面上用浅蓝色，这四个层次犹如一幅釉彩画，但比釉彩更自然、更深沉、更庄重，充分体现出紫砂塑器装饰画在讲究泥色配比运用中所表达出来的现代新潮意识，但又与紫砂传统中的古朴大方风格是相一致的。

紫砂塑器装饰画在注重创意、造型、泥色运用、画面布局的同时也十分讲究工艺技法。它主要运用嵌、绘、描、塑、雕等各种手段，恰到好处地表达主题与效果。作品《飞龙在天》以嵌、绘、描、塑、雕等各种技法表现了"龙"这一家喻户晓的形象，使龙威武地占据画面，同时让人体味紫砂工艺的精湛、细腻的成型技法。该壶在"龙"这一形象上运用相当熟练的微刻、微雕、镂空、镶嵌等手段，对龙须、龙鳞、龙眼、龙爪的处理各不相同，再配之云雾、喷水等画面，使人在欣赏作品的同时充分体验紫砂工艺技法的历史传统、深厚基础。《觅》重点突出山峰与山峰之间的变化多端，顽石与顽石之间，变异与规整之间，紫砂工艺技法得到了充分体现。突兀、跌宕、别致、扭曲，壶的凹凸面曲线与装饰画的凹凸面曲线很自然地交织和谐，虚与实、动与静、拙与巧都随着瀑布飞流的层面而变化，在壶腹形成涧潭的溪水上，群鸭嬉戏的写实场面，形成舒适的视觉效果。加上溪边小写意似的小品画，一丛兰花，疏密相间，使整体作品分不清是壶在画中，还是画在壶上。

　　紫砂塑器装饰画十分贴切生活、贴切自然，同时亦注意到与现代陶艺的结合与联系。画面是作者经过深思熟虑，严格构思的表达形式，亦是作者本身的心意表达，一定程度上反映出作者的思想、文化、情趣、志向与修为。《荷塘蛙声》是自然生活的体现，亦是生活积累经验的体现。蛙、荷叶、鱼组成荷塘风景画。《世外桃源》都是生活积累中提炼出来的一种意境。几颗彩石点缀壶身，红黄流线，横穿壶身，小鹿草地，几笔即勾画出一幅遥远的理想图画，亦道出人们向往"世外桃源"悠闲生活的闲情逸趣。紫砂塑器装饰画如诗如画，清馨温雅，散发着浓浓的文化气息、生活气息、时代气息，在紫砂百花苑中别具一格，必将受到人们越来越感兴趣的关注，也必将在探索中走向成熟。它将和源远流长的紫砂文化融汇一起，为紫砂陶艺增添光彩的一页。

■ 龙皇壶

■ 百龙在天

# 漫谈紫砂装饰

桑黎兵 朱亚琴

（宜兴紫砂工艺厂 宜兴 214221）

## 前言

纵观宜兴紫砂工艺的发展史，宜兴紫砂的成型工艺、装饰工艺是提高传统陶瓷质量和艺术价值的极为重要的手段。一件较好的紫砂工艺品，同时具备较高的制作水平和装饰水准，不但满足了不同层次使用者的需要，而且对提高使用者的鉴赏、审美能力往往起到很大的促进作用，陶冶人的心灵，提高人的素养，同时亦反映时代性、经济性、社会性，使装饰工艺得以继承和发扬。

装饰工艺水准的高低，装饰技艺、技法的演变发展是随着时代的变迁发展而不断强化、推进和发展的。纵观五百年来紫砂装饰工艺的演变，可归纳为雕塑、印花、贴花、镂雕、浮雕、刬红、包漆、描金、陶刻、绞胎、泥绘、珐琅彩、粉彩、色炉均釉、包锡、嵌金、镶银及复合材料等。下面就紫砂的装饰工艺作一简单的阐述。

### 1. 雕塑

陶瓷中的雕塑装饰在我国商代起就已盛行，紫砂陶雕塑装饰工艺，最早见于宋代宜兴羊角山古窑址出土的紫砂残片中，最具代表性的为"龙头形壶嘴"，其制作方法为捏塑。泥料、制作工艺相当粗糙，但就是这种近乎原始的紫砂雕塑器装饰方法，后来演变成为紫砂花货类的装饰工艺，由静止的雕塑器皿演变成为局部可活动的紫砂壶，如当今时尚流行的龙头、凤嘴、莲子、枯树、梅段、百果、鱼化龙、松鼠、葡萄等。

### 2. 印花

早在新石器时代，先民们为了美化陶器，就已采用压印、拍印和刻画的方法来装饰陶器。如经常见到的绳纹、人字纹、花瓣纹、回纹、云雷纹、连环纹、漩涡纹等。在紫砂印花装饰工艺中，主要是在壶身、壶肩、壶足、圈足、盖沿边等一些部位做一些几何纹、回纹的装饰，以增强壶体的线条美感、动感。当代紫砂壶中的印坯工艺已发展到局部、整体均可，即将设计好的图案在母模上做好，类似浅浮雕，然后翻制成模具，再将所需图案刻出，此类装饰方法，图案大多凸在壶体上。

### 3. 贴花

早期的贴花，多为同一泥色，图案亦比较简单，现在已逐步强化成多种色泥混合运用。一般是先分别塑印部件，然后粘接成整体布局，形成统一格局并可以随着作者的创意发挥加深对主题的深化，画面亦较生动活泼。

### 4. 镂雕

紫砂壶的镂雕装饰早在明代就大量出现，至清代曾随着社会风尚的流行而盛极一时，最具代表的为玲珑作珍壶。今天，紫砂壶中的镂雕装饰已演变成一个大类，有整体壶身的镂雕，亦有局部的壶盖、壶钮的镂雕等。

### 5. 浮雕

近似于贴花、镂雕装饰工艺的还有浮

雕装饰工艺，它们在技法与效果上往往有许多相近之处。盛行于清代的浮雕装饰工艺，大批量外销欧洲，容器浮雕纹饰瑰丽多姿，极大地影响了欧洲容器造型工艺的改变。当时欧洲许多陶艺家均纷纷采用仿造宜兴紫砂茶具造型，并且绝大部分仿制镂雕、浮雕茶具，为东西方文化交流做出了历史性的贡献。

### 6. 剔红

剔红原为漆器的技法，又称雕红漆。紫砂器最早的剔红为明代时大彬的大方壶，这是件非常难得同时又十分重要的工艺品，现藏于北京故宫博物院。因身用朱漆一层层堆上，少则八九十层，多则一百二十层，是紫砂坯体半干时描上画稿，施加雕刻的一种漆饰技法，花纹表面颇为圆润，传承至今已成为国之珍宝了。

### 7. 包漆描金

技法上类似于漆器装饰工艺，即壶体通体包漆，绘花卉图案，用金彩色绘叶边，是漆地上先用金胶漆描绘花纹，然后趁其尚未完全干透时把金箔或金粉蘸着上去组成各色各样的图案，此类作品在清代宫廷御用器具中较为多见。

### 8. 炉均釉及釉彩

彩釉装饰又称画彩釉、上釉，始于清代初期，盛于清代中期。彩釉装饰主要是在素烧过的紫砂壶上用釉彩绘成满身挂釉，使之光彩照人。时人评说："原色加彩五色花卉，极为别致。"炉均釉用宜兴当地的宜均釉色为主要原料，以天青、天蓝、芸豆等色居多，华贵气派，历来为藏之宝典。

### 9. 嵌金镶银

嵌金镶银缘于包锡镶玉等工艺的演变发展。清代道光年间，包锡镶玉曾经风流一时，随着时代变迁，人们的审美观进一步提高，于是发展成嵌金镶银，既增加装饰美化效果，又使其身价倍增，镶嵌技艺一般采用堆、雕、刻、镂、嵌等法进行装饰。程序是先将设计好的图案纹样画在紫砂壶泥坯上，并刻出凹槽，烧成后把加工好的金银丝嵌入槽内敲实，然后再磨平。这种装饰主要是锦上添花，色彩协调，线条优美，图案动人逼真，给人以美的享受。

### 10. 陶刻

陶刻是紫砂中应用最为广泛的装饰方法，最初用来落款，在半干的坯体上，用竹刀、金属刀刻上落款，后演变成文字绘画的装饰工艺。紫砂壶上的陶刻装饰，在清朝嘉庆、道光年间趋于成熟。陈曼生、朱石楳、瞿应绍的参与，使紫砂壶一改过去的烦琐，设计出简洁、明快、新颖、美观的造型，大面积的空白，留得干净利索，让文人学士尽情发挥，并将诗、书、画、印集为一体，达到完美统一。发展到当今的陶刻装饰，不但注重形式、内容、手法、技巧以及作者的文化素养，而且在传统文化中注入时代感，有鲜明的个人风格，选用多种泥色与各种不同书体，围绕品茶、赏壶、茗香等内容营造出优雅、舒适、情调怡人的环境和文化氛围。

### 11. 绞泥

绞泥就是绞胎，把紫砂泥的几种基泥的色彩绞在一起，图案非常融洽，泥色配备简单和谐。绞泥装饰的关键是泥色的协调及对应的配备，在适当配置泥色的基础上，分层黏合，有意扭曲变化。绞泥的特点是寓装饰于自然之中，用质朴的泥色变化起到浮雕、贴塑完全不同的视觉效果，使表面平滑、润泽，给人以多姿多彩的感受。

　　紫砂陶的装饰因先人们侧重点的不同，美学追求不一样，从而形成不尽相同的装饰风格，使紫砂陶的装饰工艺日趋繁荣，并在人们的实用把玩中越来越显现其重要性。相信这种趋势必将随着紫砂陶的发展而进一步深化、演变、发展，形成一个丰富多彩、色彩烂漫的五色土世界，使人们的生活更丰富、更多姿多彩。

## ■ 楚汉韵律

壶身呈圆柱状，刻有纹饰围绕一圈，具有汉唐风韵。飞把设计飘逸感强，四方壶嘴与壶把相对称，向上翘起，有如仰天长啸。最为出彩的为壶钮的设计，两物相博击，形成楚汉风云的局面。

■ 鱼化龙

日日群鸥向晚喧，一篙春水绿溅溅。
鱼龙时跃惊鸿影，江渚平铺落日圆。

# 论紫砂壶的基本价值体现——实用性

江苏宜兴 214221　桑黎兵

陶都紫砂流传千百年，而始终被作为一种国粹艺术广为称道，究其原因是其特殊的价值体现——实用性。与其他艺术品相比而言，它的"实用性"很强，"艺"在"用"中"品"，若失"用"则"艺"亦难存。

"如今，喝酒的人少了，喝茶的人多了。"毕竟酒能"乱性"而茶能修心，对于这种现象我们是喜而乐见的。但既然要喝茶，就难免要用到喝茶的茶具，而紫砂茶具此时就成为茶风潮中的主流。曾经有人模糊统计，茶市中70%的茶商在经营紫砂茶具！自我愚见，紫砂茶具之所以如此盛行、如此为广大茶友所喜爱，不能完全说不是因为它的艺术价值，但我想最主要的原因还是它的实用性以及它在实用性方面的优势。

紫砂原矿内含石英颗粒，质地细腻，色彩丰富，可塑性极强，通过特殊手工工艺制作后，紫砂陶器造型丰富多姿，更因矿源选择、调配泥料以及烧制温控等方面的差异，"紫砂五色"成就一段千古佳话。型与色的结合，给人以难以言语描绘的视觉享受，不可不谓艺术极品。但茶壶就是茶壶，更需泡得出好茶！现今如此科技，怎样的美术品不能造就，但紫砂壶不但经久不衰，更见其盛势。其实很是简单，只因其泡茶不走味、贮茶不变色，甚至盛暑不馊，这并不是如其"美艺"般可以轻易被科技替代的！更何况紫砂壶使用年数愈久，器身色泽愈光润古雅，泡茶亦愈醇芳郁馨，涤拭日久自发黯然之光，入手可鉴。明清盛世时期，紫砂又倍受文人、士大夫的推崇，并逐步将儒释道融其中，书法绘画赋于内，皆与茶文化合流，上升为一种中国传统文化的特殊载体。这些成为了紫砂购买、收藏的价值砝码。但综合种种而得，紫砂的价值体现为"用"为主，"艺"为辅，实用是基础，艺术是升华！

当代紫砂事业一片欣欣向荣，传统工艺经历时代气息的洗礼，逐步在改革创新中寻求发展，进而成就了如今"百家争鸣"之势态。这一切令所有陶都紫砂人欣喜，毕竟振兴紫砂事业是期盼已久的，改革是必然的，创新是提倡的，但是紫砂的本质却是不可以丢弃的，那就是其立足茶具魁首之资——实用性。现今纵观庞大的紫砂市场，许多新艺新壶固然陈述难竭，但违背了紫砂本质壶的"创新"亦不乏其例，而且为数不少。其过分追求所谓的"艺术"境界，而导致忽略了紫砂壶最重要的一个基本价值所在——实用性。说到紫砂壶的实用性质，其实无须高谈"泥、形、工、款、功"，也无论"形、神、气、态"。原因很简单，相信大多数壶友都知道"壶身周正匀称，口盖配合得当，流、把、钮同一轴线且端正不偏斜，明接要干净利落，暗接要和顺流畅"。再简单点说，就是要适合泡茶品茗，如此而已。真的易为，然而还是存在着许多的不"亦为"。这类"不亦为"的现象众多难尽陈，这里只对笔者所见的几种较为典型现象试做分析：首先，最突出的现象是"艺术极端主义"。笔者之所以把它称为"艺术极端主义",是因为此类壶的作者不明其创作意图,只是过度追求其自我意识中的艺术而导致作品本身失去紫砂壶的"实用性",不知不觉中迈入艺术的极端。这类作品概括起来围绕"大""怪"二字。"大"指的就是紫砂壶作品成型后体积过分巨大,缺乏现实实用价值。举例来说,有的紫砂壶巨逾花盆,真的难以想象会有人用它来泡茶品茗。估计泡上茶后能移动分毫都显得些许困难,若是用来栽花赏景的话,可是为何是茶壶模样,口径未免太小,笔者有点难以理解。"怪"指的是作者另辟蹊径的"别出一格"。举例来说,有的壶竟然"破、残、损",也许残缺是美的特殊定义,但如此的壶实难想象泡茶品茗中会觉得顺手;也许它不失为艺术,但绝不是实用型的艺术,而这就违背了紫砂壶区别于其他艺术品的实用本质。以上是从紫砂壶本身造型上所显现出来的具体现象,其次在紫砂装饰上也有着类似违背紫砂本质的现象存在,这类现象可以归结为"镶嵌重裹"这四字。诚然紫砂壶的装饰是一门艺术,紫砂装饰艺术也在日益创新发展,但笔者还是坚持主张"本色主义"。紫砂神话传说中被称为"富贵之土""五色之土",其真我风采早已折服世人千百年,"素面朝天"未尝不是"天然去雕饰,清水有芙蓉","华丽外衣"何尝不显得有些画蛇添足、本末倒置的感觉。紫砂壶能发"真茶性",这早已不是什么深奥的知识,因为紫砂壶的特性就是"宜茶"。科学研究证明,紫砂壶"宜茶"的特性本质上是因为其具有双重气孔结构,气孔微细密度有很强吸附力,能吸茶之香持久不弱,而其他质地制成的茶具是不具备这一优良属性的。现在紫砂壶因为身披厚重的"华丽金属外衣",导致阻塞了其双重气孔结构,使其"宜茶"特性倒退消失。对于这种装饰艺术上的"异化行为",不能不令人叹息,失去了宜茶性,紫砂壶再不是严格意义上的紫砂壶。其实,笔者认为紫砂壶的艺术装饰,运用紫砂本身的"五色",足矣!在结篇之余,笔者对于新近时兴的有些政治题材的纪念壶也不得不说一说。对于紫砂艺人的创新精神应予必然的肯定,这类壶假如既有政治纪念价值,又合乎紫砂壶造型规律,不失其实用特性,未尝不是一把与时代相连的好壶。但纪念壶顾名思义毕竟是"纪念"为主,因此很多偏离了紫砂壶造型规律,为求充分表达某种纪念意义而"不得不"调整造型,从而直接导致失去紫砂壶的实用性。因此这类作品难以有强大的生命力,大多如昙花一现便淹没在紫砂的历史长河中。

紫砂,需要艺术体现;紫砂,也需要不断创新发展;但紫砂的传承告诉我们,紫砂更需要它自身本质的艺术特性——实用性。以此为基,方能兴紫砂、扬文化!

## ■ 两极组壶

红黑本无界，阴阳亦非极，生死难随意，循环永不息。

# 试论紫砂壶商品性和艺术性的结合

江苏宜兴 214221　桑黎兵

自北宋以来，陶都之名声名远扬，数百年的沉积，紫砂技艺传承不息，如今紫砂壶种类繁多，但世人却有商品壶、工艺壶之分。

商品壶，顾名思义，仅仅把紫砂壶当作一种商品，仿工艺师甚多，其中又以细货、粗货之分来确定其商品价值。但总的说来，商品壶工艺粗糙、量多质差，其商品价值也不会很高，以其价低为普通人群接受，却不能成为众多收藏玩家真正喜爱追求的理想作品；而工艺壶一般有工艺壶、特艺壶之档次区分。工艺壶的价值又按作者艺人的阅历、成就、作品的艺术价值来定论。特艺壶价值是按艺人特有的设计理念和独特制作工艺以及稀少昂贵的泥料，以及全面表达出艺人独有作品的价值程度而论。

借着20世纪末改革开放的伟大春风，稳步踏入新纪元以来，我国国民经济水平日益提高。随之而来，人们对物质生活、精神生活的品质要求也越来越高。如今处于紫砂事业蓬勃复兴阶段的陶都宜兴，紫砂商品壶、工艺壶在紫砂制品市场上琳琅满目，其种类繁多、货量充足，已经成了紫砂市场的一大特色。不过，人们对紫砂壶的要求，无论在商品性还是工艺性方面都日益提高。附带而来，紫砂"商品壶"已经成为狭隘单一的"品质低下"的紫砂壶的代名词。然而商品壶虽然品质难以过硬，但依然市场紧俏易销为众多商家所爱，概因其价格低廉又皆由紫砂名气广大！而同样工艺壶在凝聚了紫砂艺人的创作心血之后价格不菲，名师壶更是众相追捧，大有"名制一壶，值抵中人一家产"之势。

对于紫砂艺术的振兴发扬，商品壶引来损贬之意固然不妥。但一味追求纯正的艺术、追求紫砂艺术的真谛，固然是紫砂艺人的楷模，却也不是仅仅如此就能振兴发扬紫砂事业的。回溯到紫砂事业处于低迷状态时期，恍如昨日。那时同样也不缺乏紫砂艺人对紫砂艺术真谛的不懈追求，但紫砂事业却始终低迷不振，紫砂壶难为世人所钟爱。究其原因，紫砂事业要蓬勃发展离不开紫砂制品走向市场，依靠紫砂其独特的魅力和独特的功能吸引四海的目光，为更多更广的朋友所接受所喜爱。而这一切就决定了紫砂艺术中"商品性"这一特殊属性的必然。

商品，究其含义就是适合市场交换的劳动产品，被普通人群所接受。因此好的商品一定要有利于市场交换，通俗说来就是好商品容易卖出去。大家应该都能想象什么样的商品最利于卖出去，既然要卖当然就必须涉及广大消费者的消费取向。因此，简单地说，就是要迎合消费者的消费心理、勾起消费者的消费欲望，要投消费者所好、要使消费者对商品"一见钟情"！把以上所述沿用到紫砂上来，就是紫砂艺人做出来的壶要被广大壶友接受，要引起买壶之人的购买兴趣、购买欲望，要以其特有的"秀色"使壶友难以它顾。这就是今天紫砂壶必须具备的特殊属性——商品性。这就是如今要发展紫砂事业、促进紫砂事业的昌盛所必须具备的条件。而要满足紫砂的商品性，除了要自我完善制壶工艺之外，还必须在这基础上出一点"绝招"！这绝招对每个不同的紫砂艺人来说，对其的自我诠释也是百家之论，各有各的见解、各有各的专长，或变革创新、或博采广纳、或术业专攻、或奇手妙艺……也就是每一个紫砂艺人都会在工艺上形成自我的固有风格。

笔者认为，紫砂的商品性与工艺性是密不可分、相辅相成的。一件紫砂作品，其工艺性方面趋于完美，那么其商品性方面应该也是商品价值极高的；另一方面，假如一件紫砂作品要想具备比较理想的商品价值，那么首先这件紫砂作品必须在工艺方面没有明显的大的瑕疵。名家壶之所以为广大壶友所追捧，只不过是其固有风格已经为世人所认可，其固有风格赢得了壶友的消费心理，它总会在某些方面为壶友所钟爱，见"艳"心喜。这一"艳"字，其实也包含众多，譬如泥料、造型、色泽、制作方法、成型工艺、装饰手法，甚至艺人的名气………但都可以概括为在工艺性方面没有大的瑕疵，是一件完整无缺的作品。在商品性方面以其造型工艺的特色赢得人心、赢得市场。名家壶如此，工艺壶如此，新近繁盛的商品壶亦当如此！随着近期紫砂界风起云涌，广大爱壶买壶之人对于紫砂壶了解日深，对于一些紫砂壶鉴赏的专业知识也日益深入。从一开始对传统紫砂文化的敬仰，产生对自己喜欢的壶"盲目"购买收藏，到如今越来越多的壶友会对自己所购买收藏之壶，从泥料材质到造型工艺进行自我购买评估，甚至会运用现代交流工具——网络，把紫砂壶各个视角的照片发布到网上，以众人之力来对其进行"三堂会审"。如果连最基本的工艺都乏善可陈的话，那么可以肯定的是，此类作品不可能通过广大壶友的把关。可见，如今紫砂得到了发展，但壶友的素养也同步得到了提升。要想更好地发挥紫砂壶的商品特性，就必须在工艺方面下重功夫，尽可能地完美紫砂的工艺性。然而，要创立紫砂作品良好的商品性，还要以"新艺"吸引壶友的关注目光，这却是不分什么商品壶，还是工艺壶的。

笔者在制壶实践中，经过数十载制壶经验积累和不断创新发展成为现在的自我风格。

一、以传统山水画与西方油画相结合，作为紫砂塑器装饰画。在具体实践中，笔者还非常注重讲究创意与画面的和谐统一。既然把紫砂装饰称为"画"，那这画中肯定就会涉及颜色。一幅画的颜色可是五彩缤纷、种类丰富的，而紫砂五色土的巧妙原色运用，却合画之要求，两者之间当真是妙曲天成。泥色的变化与肌理效果，决定了紫砂五色土的配比、选择和运用。而具体制作中还要充分联系运用色泽的等量对比与呼应，色泽层次的变化与统一，局部与整体的关系等。最终笔者把个性、情趣、志向、创意和作品共性融合一起，以达壶中有画、画中有壶、壶画合一的诗话意境。

二、在紫砂作品中加入一些人性化传神的活动物体点缀，以色泽丰富、惟妙惟肖的雕型为衬托，如可以伸缩的龙头，小巧玲珑的松鼠、机灵顽皮的山猴……在此基础上沿袭紫砂历史长河中的一项已有成型工艺，却在短时间内运用得如此精纯，各种事物姿态栩栩如生，并且妙趣横生。在极大的程度上，吸引住了广大壶友的目光。那活灵活现的紫砂壶为壶友在品茶之余宛如身临其境，平添不少自娱自得之乐趣。这一切都是笔者对自己更好地做好紫砂壶的商品性与工艺性相结合的最好感悟，也是笔者在紫砂方面所形成的自我风格的展示。

紫砂壶的商品性与工艺性是一个不可分割的有机整体、相辅相成，两者有着其相交结合之处。只有商品性与工艺性并重，才能更加稳步地发展紫砂事业，让紫砂文化为越来越多的人所接受。

■ 太极八卦组壶

太极生两仪
两仪生四象

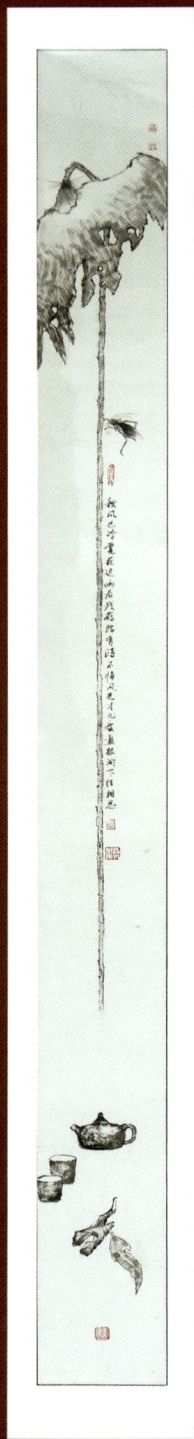

凭窗立，湖色甚荒凉。
仲夏雨声尤响亮，
楚莲盛放正端详，
思念似花香。

■ 莲子组壶

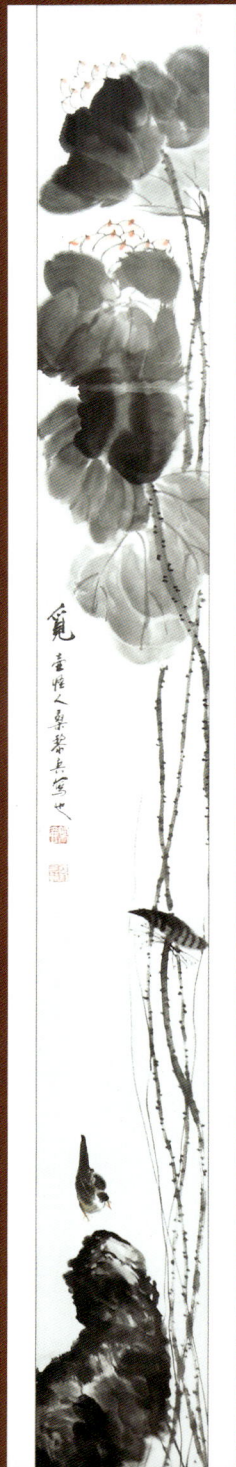

■ 莲花界 （十五件套）

叶展影翻当砌月，花开香散入帘风。
不如种在天池上，犹胜生于野水中。

以色为画 〈 以意入画 〈 壶画合一

以莲藕为素材，于传统中出新意，
以简托繁，构思巧妙。
其巧形塑器，巧色点缀，提炼概括逼真，结构合理适用。
气韵贯通，形态生动。
静心观之，莲叶田田，荷香悠悠的美景便似跃然眼前。

# 简论紫砂造型装饰中的植物形象

江苏宜兴 214221　　桑黎兵

【摘要】紫砂造型艺术中的装饰形象，对于紫砂艺术，尤其是紫砂花货艺术来说，占据着极其重要的地位。时至今日，不仅仅是传统意义上的花货，就连传统的光器造型也在不断潜移默化地转变着，光器与花货之间的阵垒不再是泾渭分明，就好像现代的传统光器造型中也屡屡添加了一些淡雅的花货"点缀"。只要运用得当，这些花货的"点缀"并没有破坏传统光器的美感，反而能起到一些修饰的效果，增加壶趣的内涵。在造型装饰日益重要的现代紫砂业界，那些栩栩如生的装饰形象中，植物形象占了很大的比重，逐渐可以划分出一种紫砂艺术的装饰类别。

【关键词】紫砂艺术　造型　植物形象

紫砂艺术传承数百年，在这数百年间各式各样的植物造型形象被运用到紫砂造型元素中来，无论是生活中原形，抑或是艺术上的抽象，形形色色。我们可以站在不同的角度，对这些紫砂艺术造型中的植物形象元素进行简单的分类论述。

首先，我们可以把这些形形色色的植物形象大概地分成三类：生活原型类、艺术文化类和品质寓意类。

## 一、生活原型类

生活原型类，顾名思义，即是取材于现实生活中的景色植物，通过简单的紫砂技艺加工或者不加工，以塑造自然界原生态美景为目的从而进行的紫砂艺术创作。

"清水出芙蓉，天然去雕饰"，这一千古名句很好地归纳了自然之美与朴素之美的动人之处，就像紫砂艺术中光器以其纯朴屹立百年而谓之"大统正道"这般，很多时候艺术手法塑造的美往往是难及自然生物之美的万一的。而紫砂艺术中生活原型类植物形象的塑造，追求的就是自然界真实的景象，追求原味，尽量不运用艺术手法去修饰而失去原来自然的美。

1. 作品《壶藤野趣》中的葫藤形象

"葫藤蔓蔓乡野间"，这是作品《壶藤野趣》最初的创作构想。此壶以乡野田园风光为蓝本，以"蔓蔓葫藤"为艺术主体平台，极力营造原汁原味的乡野田园的美丽风光。"壶"与"葫"谐音，以葫藤塑造壶型，颇有艺术趣味。

2. 作品《南瓜》中的瓜藤形象

作品《南瓜》以"南瓜"入壶，整体壶型塑造的就是平常百姓之家常见的南瓜，故此壶整体被塑造成南瓜状。而简单的寻常南瓜瓜藤、瓜叶造型的自然装饰，使得这一作品的"南瓜"造型得以成功，给人以生活中南瓜的形象联想。

3. 作品《蒲塘野趣》中的蒲塘植物形象

作品《蒲塘野趣》的主题刻画用的是彩绘手法。通过以壶体为画卷的简洁深刻刻画，刻画出了一个符合乡野景色中的蒲塘形象，与壶体上抽象而出的"鸳鸯戏水"的画面相呼应，从而营造出了作者想要达到的那种艺术的美。

## 二、艺术文化型

艺术文化型，指的是依法于自然景物中的植物形象，通过运用抽象的艺术手法塑造一些带有艺术色彩的植物造型，从而营造具有一定艺术效果的固有组合画面或者历史文化画面。

紫砂艺术造型中"艺术文化型"植物造型形象的塑造，对于紫砂艺术的创新与发展起到了很大的推进作用，而且不同程度地使紫砂艺术与中国传统民族文化结合得更加紧密。站在艺术的角度上来说，这些作品的创作更具有艺术色彩和文化意味，但从另一方面上讲，这也更加需要创作工艺师自身具备良好熟练的紫砂技艺。

1. 作品《松鼠葡萄》与《甜甜》中的松树与葡萄造型形象

"松鼠葡萄"是一个古老的传统壶型，可以说是一个壶型系列。现今很多工艺师都致力于它的创作，也各有各的特色风格，但是从根本上来讲，所有的"松鼠葡萄"壶型的创作都离不开两个植物造型的装饰点缀，那就是松树与葡萄。松树青青，葡萄匐匐，虬然的古树松枝之上，蔓蔓的却是葡萄枝叶，而穿梭其间的却又是娇小可爱的松鼠。这是艺术形象的结合，文化抽象的创作，于生活实际中寻求文化性的艺术创作。

2. 作品《春江水暖》与《惠风和畅》中的"柳岸桃花"造型形象

归纳来说，这两把壶的创作代表着一个系列的创作——"竹外桃花三两枝，春江水暖鸭先知。"这是宋代文豪苏轼流传千古的名句，而这个系列壶型的创作正是依托于这个特定文学画面而塑造，"春江、桃花、鸭"就成了这一系列壶型必不可少的构图元素。主题是"春"，而春江

的春是由江水中嬉戏的鸭来表现，这一些特性在这一系列壶型的创作塑造中作者都极力地表现，力求突出文学性的主题思想"颂春迎春"。

3. 作品《荷塘情趣》中荷塘形象的塑造

《荷塘情趣》的创作来源于中学课本上一篇朱自清的美文《荷塘月色》。以其为蓝本，在紫砂艺术创作过程中略做紫砂艺术的修饰，搭配组成荷塘景色中植物元素——荷叶、荷花雕刻修饰创作，使得壶的整体画面突出了一种自然界与美文中相结合而成的美。荷叶、荷花的植物造型形象相对来说更是文学性、艺术上的再创作。

## 三、品质寓意型

品质寓意型，指的是紫砂艺术造型塑造中蕴涵着一些体现民族精神、品德修养，或者寓意着特殊含义的植物修饰造型形象。

一般来说，这种含有品质寓意型造型形象的紫砂壶型，往往其所要表达的主题正是这些造型形象所蕴含的精神品质或者寓意的祝愿祝福。总的来说，这类壶型形象的塑造重"神"而不重"形"，创作者需要通过自身技艺的完美发挥，尽可能表达这些造型形象内在的东西。换句话说，就是要使你所塑造描绘的造型形象符合它固有品质的形象，比如说"寒梅傲雪"，假如塑造"寒梅"形象，那么注重的就是它"傲雪"的风姿，而不是阳光下怒放得如何美丽。

1. 作品《三君子》中松、梅、竹造型形象

"富贵"聚三友，相邀紫砂尖。岁寒

自高节，茶韵年复年。这四句诗句简单论述了中国传统文化中的"松、梅、竹"植物造型形象在紫砂艺术中的作用和地位。可以说，在数百年的紫砂发展历史中，"三君子"作为一个典型而立于紫砂造型形象之林而未衰，究其原因显然是"三君子"造型形象自身蕴涵代表的精神品质历来为文人甚至世人所爱，在这个前提之下"三君子"造型形象非但没有衰弱，更是发展出了很多体系，三者各承一脉然又有互补。"竹，劲风雨；梅，傲霜雪；松，笑悬崖"，"三君子"它们所代表的历来就是文人的气节，世人的筋骨，高风而亮节，因此以"三君子"造型形象入题的紫砂艺术，无论是分是合的艺术表现，都是对世人的励志警醒。

2. 作品《寿桃》中寿桃造型形象

在中国古典文化中，"寿桃"造型形象历来是寓意着长寿福禄之意，更有甚者，在古代神话传说中还有"蟠桃"之说，"九千年一熟"谓之食而长生。紫砂艺术的历史上，对于这类寓意喜庆祝愿的主题也多有涉及，而"寿桃"形象也屡见不鲜，往往一个"寿桃"壶型世人欣赏把玩之时，看重更多的是它所蕴涵的"神意"而非"实型"。

3. 作品《丰年硕鼠》中的稻谷造型形象

"稻谷"形象在现实生活中并没有什么特殊的含义，所代表的也只是粮食的一种而已。可是在《丰年硕鼠》这把壶中，"颗粒而成世界"的艺术造型使"稻谷"造型形象与"硕鼠"造型形象贴切地联系起来，"粮食覆满世界版图"形象而直观

地使得"稻谷"造型在特定的环境中具备了特定的含义——丰收。

总的来说，"生活原型"写实而真实，富有自然韵味之美；"艺术文化"抽象而变化，多有文化艺术气息；"品质寓意"重"神"而不重"型"，贵在精神品质的传达。对于紫砂艺术中植物造型形象的简单分析论述中，我们不难看出三者各有千秋也各具特色，一时难分轩轾，可以说正是有了这些形式多种多样、内容丰富多彩的造型形象的推进才有了今日紫砂艺术的完美与繁荣。当然，此文叙述的对于紫砂艺术中植物造型形象的分类仅是个人己见，不同的工艺师有着不同的角度与不同的分析，但共同点还是必然的——那就是紫砂艺术即使也有诸子百家，但也需要我们共同的努力，走正途而发展我们共同

# ■ 甜 甜

葡萄园中葡萄树，葡萄树上"甜甜"鼠，

松鼠葡萄护葡萄，却"偷"葡萄尝甜甜。

第十一届（国家级）工艺美术大师精品展创新艺术金奖

■ 瓜情梦雨

攥紧泥土，只一片葱绿，
蜜蜂扇动翅膀，
扇动枝头的风语，
结出秋果的梦……

只要有一洼泥土，你就会发芽，你就会抽穗，你就会向前蔓延……

■ 瓜香情趣

此花器为饱满南瓜造型，硕大的南瓜叶像花儿一样摊于南瓜之上，叶的纹理与细节栩栩如生，壶钮、壶嘴、壶把都是南瓜藤蔓样式，相互呼应更添情趣。南瓜多籽，加之藤蔓连绵不绝，寓意多子多孙，福运绵长，荣华富贵。

■ 绽放自然

物华天宝

物华天宝年间，
群峰翠色，水映轻舟。
风吹过，一啸百吟；
云漫开，万千词韵。

"富贵"聚三友，相邀紫砂尖。

岁寒自高节，茶韵年复年。

以色为画 ╲ 以意入画 ╲ 壶画合一

竹枝竹叶，萧瑟清透。
松段松枝，虬枝弯折，
苍绿松针，四季常青，福寿安康。
梅桩红梅，凌霜傲雪，凛冽盛放，清骨风韵。

## ■ 三君子

第六届中国（国家级）工艺美术大师精品展金奖

■ 祝君好运

壶身饱满圆润，线条流畅。三脚高足，顶起壶身。的子、流、把、足皆为竹段造型，尤其那壶把，让人把持不够。压盖，子母线吻合严密。壶盖上，一颗新笋正破土而出，预示强大的生命力。竹叶清逸灵动，泥绘的两只小鸡又添了不少生气。

■ 步步高

此壶在竹的造型上进行了创造，壶身圆润，除了壶嘴、壶钮、壶把，壶身下半部也采用竹节样式，创意十足。配以竹叶装饰，把竹子的有顽强的生命力、虚心和坚韧不拔的精神等寓意展现其中，竹节节节高升更是点题壶名。

## ■ 祝 福

节节青山竹，寸寸皆是福。
惜惜赠君子，片片相知意。

# 简析《一鸣惊人》的神韵气象

江苏宜兴 214221　　桑黎兵

【摘要】紫砂壶造型极为丰富，大致上分为光器、花器和筋纹器，而花器则是依据自然生活中的事物为原型，经提炼加工从而变换为独特的艺术形象。《一鸣惊人》显然是一把风格鲜明的花货，其造型不仅具有适度的艺术夸张，更着意于生动灵气和紫砂泥料的天然色泽。壶身泥质细腻纯净，壶钮设计成一只立体感极强的蝉，鸣蝉匍匐在树枝上，视觉冲击强烈，壶嘴处延伸出的花朵样式，美妙生动，红花绿叶，丰富了此壶的精神力量。

【关键词】一鸣惊人　造型艺术　艺术语言

## 1.前言

紫砂陶艺是一门综合性的艺术，集审美、工艺和功能为一体，充分展示了劳动人民的智慧结晶。一把艺、色、形均绝的壶艺受到人们欢迎，是因为砂壶能够陶冶人们的性情，因而砂壶在自我成长的过程中，完善并形成了其艺术、功能，在众多的陶瓷艺术品中，砂壶有着一定的历史地位和文化基础。紫砂造型表现出的气韵生动是实实在在的，通过造型的变化，不同形态之间巧妙的过渡、有机的结合，以及细致合理的形态结构，表现出了不同气势，构成作品的个性，形成作品的气韵。

## 2.《一鸣惊人》的神韵气象

被誉为"陶中瑰宝"的宜兴紫砂壶，它的造型艺术承载了我国众多的民族文化元素，容纳了不少姊妹艺术的设计理念，营造出千姿百态的壶艺形式，展现独有的神韵。而每一件完美的紫砂壶，都富有情感倾向和寓意特征，彰显着民族文化的灵气，在茶、陶文化结合中充满艺术的魅力和生命的活力。紫砂文化是陶瓷艺术体系中独树一帜的艺术门类，随着紫砂文化不断发展，紫砂壶也因艺术的风貌展现出历史的气韵。千百年来，紫砂壶艺反映出了作品绝佳的气度，也涵盖了创作者的精神意态，在紫砂人不断的探索过程中，付诸努力，不断追求壶艺新的高度，让紫砂艺术焕发出新的生命活力。

紫砂设计探索之路需要建立在传统工艺的基础上，既要另辟蹊径又要紧随时代。紫砂壶的形体造型的比例和结构，仪态万千，各有千秋，经艺术的提炼，构成富有艺术思想和感人情趣的实体。紫砂艺术是内藏丰富的，它不拘泥于器物的形式而吸收其他的设计风格和特点、元素等，经过艺人的智慧的思考和实用性的创作，使得借鉴某些文化思想和艺术语言变成了紫砂本身的艺术形式。《一鸣惊人》壶身造型简单却富含深意，颇具特色。

一鸣惊人，出自《史记·滑稽列传》："此鸟不飞则已，一飞冲天；不鸣则已，一鸣惊人。"一鸣惊人，是指一位不出名的人干出卓越的光辉成绩使世界惊异起来；比喻平时没有突出的表现，突然做出惊人的成绩。

紫砂壶造型极为丰富，大致上分为光器、花器和筋纹器，而花器则是依据自然生活中的事物为原型，经提炼加工从而变换为独特的艺术形象。《一鸣惊人》显然

以色为画　、以意入画　、壶画合一

是一把风格鲜明的花货，其造型不仅具有适度的艺术夸张，更着意于生动灵气和紫砂泥料的天然色泽。壶身泥质细腻纯净，壶钮设计成一只立体感极强的蝉，鸣蝉匍匐在树枝上，视觉冲击强烈，壶嘴处延伸出的花朵样式，美妙生动，红花绿叶，丰富了此壶的精神力量。

紫砂壶的艺术和人文之境往往是彼此联系的，用艺术来诠释人文，用人文来烘托艺术，从而给人以精神上的享受。整体而言，《一鸣惊人》正是通过生动细腻的花器形态和雕塑装饰，表现出丰富的人文内蕴，并使之升华到一定境界。生活中的美有千万种，一把好壶的人文之境便是其中积极的精神状态。在这把《一鸣惊人》壶上，流露出一种豁达与睿智，像一首哲味的诗歌，愈品意义愈深长，自然与人文在此完美交融，形神皆具，袒露着积极向上、博大包容的生活观念。

《一鸣惊人》作为一件集形、气、神于一体的紫砂壶，流露着超脱的意境与丰厚的内涵。作为一名壶艺人，要在结合自身壶艺创作历程中，得出一些感悟。紫砂壶艺从传统中走出，但始终围绕传统，也注重回归传统，这就要求制壶艺人自身的技艺手法和工艺技巧一定要熟练掌握，尊重传统和经典，脚踏实地进行创作。同时也认识到，对于紫砂壶的创作不能仅仅停留在形上面，应努力去表达作品的精神内涵和文化意味，去挖掘生活中更深层次的东西，并将其转化为紫砂壶艺形象，给人以感触共鸣。例如，紫砂花器虽然从自然中得道，但它始终贴近自然，并最终将高于自然，升华出一定的思想内涵。

形而之上谓之道，形而之下谓之器，紫砂壶造就不再是一器，壶可行道，融人文情感于一体，深入人心，激发共鸣。

《一鸣惊人》不失内涵，它的造型装饰无疑是为凸显精神寓意而服务的，并在独特的创意中，更强烈、有效地引申出内在特性。该壶以知了造型，诠释新生的希望，赋予每个人积极向上的正能量。

### 3.总结

紫砂从华夏文明中汲取了大量的营养，传世的紫砂壶器型蕴涵着大量中国传统文化元素，这点是比较直观的，经过历代陶手的锤炼，大多壶型的创意和装饰，都是直接取材于民俗或古代艺术家看来有意思的东西融合在一起，逐渐形成自身的文化。历史上紫砂文化的形成是被动的，是在主流文化乃至茶文化的压迫、殖民之下产生的；紫砂文化中的大部分还不能说是真正意义上属于紫砂的，紫砂本身的文化仍然相当的浅薄，紫砂艺人需要融合其他艺术来作为烘托，使之成为自身的文化和艺术。

【参考文献】
《宜兴陶艺》香港市政局茶具文物馆1981年初版1990年重版

■ 一鸣惊人

第十届中国（国家级）工艺美术大师精品展创新艺术金奖

## ■ 诸事如意

云母屏风独影深，碧海青天夜夜心。
无能岁岁忆仙子，岂奈人间天生难相随。

## ■ 林之趣

蝉噪鸟鸣林越幽，脱兔嘻闲菇菌成。
群此之天宫清冷，林间之趣更胜。

■ 小憩壶

## ■ 丰年硕鼠

硕风硕鼠，映照丰年。
丰年丰年，处处有福。

## ■ 马上封侯

当年万里觅封侯，匹马戍梁州，
关河梦断何处？尘暗旧貂裘。
胡未灭，鬓先秋，泪空流。
此生谁料，心在天山，身老沧州。

# 简析紫砂艺术之美

江苏宜兴 214221　桑黎兵

曾经在不知名的书册上，看到过这样来比喻紫砂艺术魅力的话语——黯淡之光！

也许它狭隘了些许——"黯淡"大多用来修饰老旧，而"黯淡之光"也多为描述经历文化沉淀的老壶、旧壶。其实紫砂艺术无分新旧，它有着它那独特的魅力、独特的美！

虽然笔者上文中提出"紫砂之美，不论新旧"的观点，但是如果要论紫砂艺术之美的话，还是必须从"它的老、它的旧"说起，然而这里的"老、旧"非再是一壶之"老、旧"，而是紫砂艺术之千秋悠久、紫砂文化之百年流长。世人谈起"紫砂"，就不得不与"宜兴"二字相联系，原因简单而又毋庸置疑："紫砂"是宜兴独有的艺术文化，无论是古时阳羡、荆溪，还是今时宜兴，这一点可谓众所周知。宜兴紫砂艺术历史悠久绵长，根据考古学对宜兴古窑的发掘，证实了早在5000年前的新石器时代，当时宜兴地区就开始了制陶业，时至汉代则更大规模地生产日用陶器。而今天所谈的"紫砂茶具"，皆由古时的陶器发展而成，当属于陶器茶具发展后的衍生种类。如再细细深究的话，紫砂茶具起源于宋代，后经历明清两代的发展，逐步趋于成熟，并融合了造型、诗词、书法、绘画、篆刻、雕塑等诸多艺术于一体，形成了流传千古的独特紫砂艺术。时至今天，通过数百年的传承沉积，紫砂艺术已经日臻完美。谈论紫砂艺术之美，其真正的"黯淡之光"，便是它那千古的文化历史流传，其深沉大度之气，令人顿然倾倒折服。

论完紫砂艺术文化背景的魅力，再站在收藏价值的角度上，细细品味欣赏紫砂艺术之美，又可以大致细分为五个方面：形、泥、工、款、功。

所谓的"形"，就是壶的形象。"圆形壶"须骨肉亭匀，珠圆玉润；"方形壶"须轮廓分明，线面挺阔；"仿生壶"须主次分明，视觉和谐；"筋纹类"须纹理清晰，口盖严密。以上所提及的几点只是紫砂业内制壶的基本要求，如果想企及"形之美"的境界，还必须在造型方面多下功夫。紫砂壶的造型，虽有古老传承下来的制壶条规，但方非一式，圆无一相，在传统的基础上创新，在艺术的基础上融合，采天地自然之所绝美意境，创脱源于前师之未有形态，乃是紫砂造型艺术的境界追求。另外，造型的成功优劣还与造型的气度息息相关。而作品造型的气度在某种程度上取决于作者自身的文化涵养和精神品质。简单来说，一件作品包含了作者的个性表现、风格体现、文化层次和气质修养。只有时刻注意丰富作者自身的文化修养和提高心性修为的境界，才能使作品的造型产生体现自身品质的独有美态：有的清秀飘逸，有的古朴敦厚；有的轻快明朗，有的粗犷简雅；若旨欲拟人，则人间百态栩栩如生，其神跃然壶上：温润如君子，豪迈如丈夫，风流如词客，飘逸如仙子，脱尘如衲子……纵观造型的气与形，如果给人以造型艺术的美感的话，则购买收藏时便会是先入为主的选择。

所谓"泥"，即是指紫砂壶的材质——泥料的品质。紫砂泥料是一种自然特殊的矿土，内含铁质黏土质粉砂岩，除了顾名思义的"紫泥"之外，还有绿泥、红泥。虽然紫砂原矿的颜色只有三种色彩，但烧制的温度变化、泥料的配比成分不一，可以使烧制后的成品颜色千姿百变，紫砂"五色"之说也似乎再不能用来涵盖修饰紫砂之色彩丰富——紫而不姹、红而不嫣，黑而不墨，如铁如石，胡金胡玉，具百美于三基色。这就是紫砂泥色淋漓尽致的体现，如再在泥中和以粗粒生、熟泥砂等则谷皱周身，珠粒隐现，更是夺目。总的说来，紫砂壶的收藏价值中鉴别泥料材质的优劣是其重要的一个方面。

所谓"工"，便是紫砂艺术的工艺品质。紫砂壶由壶身、颈、底、脚、盖、嘴、的子等组成，既具有本身严谨完美的整体，又有与壶身相辅相成构成和谐完美整体的附件。在紫砂壶丰富的工艺线条中有凹凸线、凹线、圆线、鳝肚线、碗口线、鲫背线、飞线、翻线、云肩线、弄堂线、隐线、侧角线、阴角线、阳角线、方线等变化多端的装饰应用线条相结合使用，使紫砂壶增加工艺上的美感。而由于紫砂壶在工艺处理方面采用手法不同，大致可以分成以下几类：光货、花货、筋瓤货。光货，圆形珠圆玉润，方器轮廓周正；花货，写实表达逼真，写意表现趣味；筋瓤货，线条脉络有致，卷曲和润。紫砂壶的工艺，可以说是百玩不厌，研旧而出新味。紫砂壶的工艺美是收藏价值的灵魂所在，工艺精良的紫砂壶，给人高昂情绪的激发，给人气质内敛的含蓄……

所谓"款"，即为紫砂壶的款识。简单说就是壶的印款作者，以及何人镌刻的诗词书画。总的说来，紫砂壶又可以分为商品壶和工艺壶。商品壶又有细货、粗货之分，工艺壶则有工艺品壶、特艺品壶、艺术品之分。作品的价值按艺人的成就、艺术价值来论断。而在紫砂壶的装饰方面，"文人的参与"提高了紫砂艺术的身价。紫砂壶的雕刻装饰艺术更是集诗词、书画、文学、篆刻、金石等艺术于一体，提高了装饰层次，深蕴了文化内涵，使紫砂壶顺理成章地成为一种艺术文化的珍藏品。

所谓"功"，就是指紫砂壶的功能、适用与否。对于紫砂壶功能适用的基本尺度是容量适度、高矮得当、口盖严密及出水流畅。紫砂壶的实用功能，若与其他质地的茶具相比较而言的话，较为理想，暑天泡茶，不易变味。

紫砂之美——在阳羡这块沃土上，已经灿烂了数百年。无论其历史文化，抑或其自身价值，无疑都能使这份独有的艺术美丽——长盛不衰！

■ 啸虎山川提梁

彩章耀朝日，爪牙雄武臣。
高云逐气浮，厚地随声震。

日暮苍苍
山远天
寒白屋
贫柴门
闻犬吠
风雪夜
归人
古阳春壶
怪人鬻兵
製壶

091

## ■ 江山如画壶

水光潋滟，山色空蒙。
江山如画，信步闲庭。

以色为画 ＼ 以意入画 ＼ 壶画合一

江山如画

■ 江山如画壶

## ■ 四方旭日东升壶

江南好，风景旧曾谙；
日出江花红胜火，春来江水绿如蓝。
能不忆江南？

# 简论紫砂造型装饰中的动物形象

江苏宜兴 214221　桑黎兵

【摘要】历经数百年历史的传承发展，紫砂艺术造型的装饰形象逐渐形成了丰富而多彩的体系。各式各样的造型形象，不仅丰富了紫砂艺术语言，更是成为数百年紫砂文化的固有特色。归纳一系列的紫砂装饰造型，其中动物形象占据了很重要的地位，对于紫砂文化的形成起到了积极的促进作用。

【关键词】紫砂艺术　造型　动物形象

紫砂艺术造型形象是丰富多彩的，其中装饰性的动物形象也是五花八门，但是我们可以从不同的出发点，简单归纳区分出这些形形色色的动物形象的类别。当然出发点不同其分类会有所不同，可是不管你立足于什么出发点，对于这些装饰造型中动物形象的分类总会有着一定的共通之处，这也许可以称之为"殊途同归"吧。

一、根据紫砂艺术造型中动物装饰形象的种类分类

以动物装饰形象的种类为出发点，个人把这些形形色色的动物形象分为两大类别：传统文化型和现代生活型。

传统文化型指的是以中国古代文化形象中的神话造型、传说造型为蓝本，进而用于紫砂艺术形象的语言塑造。现代生活型指的是以现实生活中拥有鲜明个性特点的动物实体为蓝本，从而进行紫砂艺术形象的语言塑造。当然，所有的动物形象造型都必定是依存于完善丰富的紫砂装饰手法来实现的。

1. 紫砂艺术造型中的传统文化型装饰动物形象

（1）传统文化中的"龙"形象造型

中华民族是"龙"的传人，以中国古代文化中的"龙"这一神话动物形象为图腾，由此而想，在紫砂艺术造型中出现"龙"这一装饰形象可以说是自然而然的事情。综观紫砂艺术发展的历史，其中"龙"形象屡见不鲜，个性色彩极重，但每每创出新意。

作品《鱼化龙》如其名采用了古代神话传说中的"龙"形象来进行紫砂艺术装饰，壶体以彩绘、雕刻的神龙形象直接入题，而运用紫砂特色装饰手法实现的壶体表面"云化"所勾勒的龙隐云端的构图画面，形象而生动。虽然那壶体上彩色金龙"吞云施雨"的画面夺人眼球，但结合《鱼化龙》此壶整体造型形象塑造而言，却非是最为醒目的。对比而言，壶盖处可以滑动伸缩的"龙头"形象，其新意个性更为突出。

作品《飞龙在天》不同于《鱼化龙》的形象创新，此壶以构造"紫砂入画、画在紫砂"的观念取胜，壶的整体没有突出特色的形象塑造，但却平和而美妙地描绘了一幅画卷——"飞龙在天"的画卷，相比较真实的画而言，其美丽是共通的，只是用特别的"画笔"与特别的"颜料"所画的具有特色的"飞龙在天图"。

（2）传统文化中的"麒麟"动物形象

中国传统文化中的"麒麟"是祥瑞神兽，它在紫砂艺术造型形象的塑造中出现

的频率也是极其高的。

作品《瑞祥》即是采用了"麒麟"这一中国文化中的神话形象。依据壶的整体而言，在传统紫砂光器的基础上略做创新变化，加入了一点紫砂花器的"淡状"，壶盖上的"的子"塑造成了一个活灵活现的"麒麟"形象，而壶把略做"云状"，与祥瑞呼应生辉。

上文通过对具体壶体的分析，简单论述了紫砂艺术造型中传统文化动物形象中的"龙"形象与"麒麟"形象。当然，紫砂艺术造型中的传统文化形象除此之外还有很多，比如说与"龙"对应的"凤"，龙之九子之一的"貔貅"等等。可以说中华民族文化何其博大精深，而运用于紫砂艺术造型的中华传统文化形象也是何其的多。

2. 紫砂艺术造型中的现实生活型装饰动物形象

相对于中华文化的丰富，传统文化形象的繁多，现实生活中的动物形象丰富程度可谓远有过之，毕竟"艺术源于生活"这一名言必定不是空穴来风。

（1）现实生活中的"松鼠"形象造型

"松鼠"形象以娇小可爱而著称，在紫砂艺术造型中一般与"葡萄"联系在一起呈现经典的壶型"松鼠葡萄壶"。

作品《松鼠葡萄壶》整体塑造了"葡萄树藤蔓蔓，松鼠嬉戏其间"的一幅热闹画面。其中对于"松鼠"形象的刻画，必须塑造出形象的神韵"娇小生动"。在壶体蔓蔓葱郁的葡萄树藤中，"松鼠"造型起到了点缀、增添作品"活力"的作用，使得紫砂壶上"松鼠葡萄园"画面更接近于现实生活。

（2）现实生活中的"鸡鸭"形象造型

"鸡"与"鸭"的动物形象，在现实生活中可以说是最为普通、最为普遍的。但是紫砂艺术联系生活，现实生活中越是平凡的东西，往往也有可能出现在紫砂造型想象塑造的艺术语言之中。

作品《春江水暖壶》应用了现实生活中的"鸭"这一造型，但是从另一个方面来讲，紫砂艺术创意阶段这一"鸭"造型的来源，并不是简单的生活中的鸭，而是由著名诗句"春江水暖鸭先知"而来。具体分析《春江水暖壶》来看，壶体通过彩绘刻画了一幅优美的"春江鸭戏水"的画卷，此壶最为深刻形象的塑造在于壶盖部分，通过形象地刻画"湖波"从而引出"江鸭戏水乃戏春"所产生的涟漪。此壶立意于刻画诗情般的优美，"倒"入江面的"鸭"正好比诗情的联想。

作品《丰衣足食》则是采用了现实生活中"鸡"的造型形象，此壶比较实际、贴近生活地塑造了五谷丰登后"鸡"的"足食"。

（3）现实生活中的"鼠"形象造型

"鼠"乃中国十二生肖中的"老大"，在民间为人喜也为人厌，而紫砂艺术造型形象中的"鼠"，一般来说虽是借鉴生活中"鼠"的形象，但在具体刻画使用中往往更偏向于文化艺术化，更多的是

由诗经中的名句"硕鼠硕鼠，无食我黍"而来，比较具有形象代表意义。

作品《硕鼠丰年》更是形象直接地诠释了紫砂艺术造型中大多"鼠"造型创意的来源，而在壶的具体刻画中"硕鼠"欢乐的地盘已经跳出国界而面向世界，由壶体稻粒装饰组成的世界版图，隐暗地表达了这一观点，寄寓着作者最美好的祝愿。

（4）现实生活中的"蛙"形象造型

紫砂艺术造型中"蛙"的形象也常常被搬上"荧幕"，作品《荷塘情趣》的塑造醒目之处就是壶盖上那只生动的"蛙"，而它的创作灵感来源于现实生活情趣，也来源于著名文人朱自清的美文《荷塘月色》，可以说它是由《荷塘月色》这篇散文中描绘的美景出发，联系现实生活中的实物画面而最终结合创作所得。

紫砂艺术造型中的现实生活型动物形象还有很多很多，比如猴，比如《全家福》，比如《和睦》等等。

二、根据紫砂艺术造型中动物装饰形象的作用分类

与动物装饰形象的种类分类相似，紫砂艺术造型中不同的壶具有不同的装饰造型，而这些装饰造型在壶的整体设计中包含着不同的作用，有主有次，有装饰有寓意。总的来说，根据他们在整体造型中的作用基本可以分为两类：主题寓意型和次要装饰型。

主题寓意型指的是壶型整体所要表达的艺术创意，就是装饰动物形象所寓意表达的造型，一般这类壶体造型装饰形象往往本身具备特殊的含义或寓意。比如说"麒麟"动物形象，因"麒麟"所代表的特殊含义是祥瑞，所以以"麒麟"形象装饰塑造的壶型，往往所要表达的主题创意就是吉祥如意之类；又比如说"貔貅"形象，"貔貅"在神话传说中贪财成性，乃是"聚财"的典范，故以"貔貅"形象塑造的壶型，往往代表的主题意思就是财富。

次要装饰型指的是动物形象在壶型整体造型中只起到纯粹的装饰作用，从侧面使壶体构图生动形象，从而对于紫砂艺术美丽的形成起到辅助作用。一般来说，现实生活中的自然景色中的各种动物形象都可以达到这种艺术装饰效果。

对于紫砂艺术造型中装饰动物形象的分类，除了上文论述的两种分类方式之外，不同的工艺师有着不同的立足观点，因此也有着更多的分类方式，但就像行文开头所言——殊途同归，一切的研究都是为了我们共同热爱的紫砂艺术能更好地发展，为此必须努力一生。

■ 同心同乐

## ■ 丰衣足食

稻香甸甸遍田野，丰衣足食太平年。
三代笑语合家庆，同堂共乐禽也欢。

第九届（国家级）工艺美术大师精品展金奖

■ 五子登科

■ 山中觅知音

上部分壶身以泥绘呈现出冰纹效果，并于正面彩绘两只正在山中湖泊游弋的鸭子，生动舒展。湖畔生长出一株水仙，代表纯洁，寓意吉祥。壶身反面书『山中觅知音 己卯年黎兵制』。壶钮被塑以引颈向前的鸭子，与壶身正面的鸭子相呼应，极为生动。整个作品给我们呈现出一幅美景，赏之十分惬意。

鱼乐我心坦荡

被无锡博物馆永久收藏

以鱼为主题，五色土装饰生动。壶身上彩绘两条正在游弋的鲤鱼，生动舒展，壶嘴根部有两片荷叶自然卷曲并与壶身浑然一体。壶钮被塑以引颈向前的鸭子，极为生动。壶身一面书"鱼乐我心坦荡，戊寅年黎兵制"。

# 浅谈紫砂塑器装饰画

桑黎兵 朱亚琴

（宜兴紫砂工艺厂 宜兴 214221）

以色为画 ＼ 以意入画 ＼ 壶画合一

　　紫砂壶可以分为花货与光货两大类。人们普遍认为花货易为，光货难做。即许多人认为光货是返璞归真，乃是紫砂艺术之上乘。其实事物能历千百年之传承而未衰，必定有其存在的特定必然因素，紫砂壶中的花货亦然！

　　紫砂壶中的花货，如果按其装饰艺术细细再分，又有书法、绘画、金石篆刻等诸类装饰艺术之别，甚至各种手法融于一体，整体中见其精华。众所周知，一般的瓷器装饰，大都以彩绘或喷彩为主，用笔巧施画面，但紫砂装饰工艺却是别树一帜。以刀代笔，以其独特手法铁画银勾，神韵怡然。然而紫砂装饰艺术能沿传百年的奥秘更在于实现了艺术与艺术的结合，融合书法、绘画等民族特色艺术，使其艺术境界与艺术价值大幅提升。

　　紫砂装饰艺术，如果细细追溯历史可以回溯到宋代，那时实际上只是艺人用竹笔署名落款而已，时至明清文人墨客对于茶道的钟情导致紫砂与书画词赋结合的必然，从此紫砂装饰艺术蓬勃发展，流派纷呈，甚至流传"壶随字贵，字随壶传"之说。而自20世纪90年代以来盛行于紫砂装饰艺术流派中的"紫砂塑器装饰画"更是以其新颖的表现形式别具一格！紫砂塑器装饰画，不流于传统艺术手法，完全采用全新的表现手法，以紫砂"五色"的原色，以作者的思想情趣入画，实现造型语言与装饰语言的完美结合，追求"壶画合一、相得益彰"之境界。

　　紫砂装饰艺术源于宋代，历史悠久，长期以来形成了完整成熟的传统艺术表现手法——自然形体，写实装饰。而紫砂塑器装饰画采用全新的表现手法，首先表现在采用纯正的紫砂五色土原色原貌，充分展现五色土丰富美妙的色彩语言。紫砂被称为五色土之说颇具神话色彩，相传有一异僧行经村落，呼卖"富贵土"，众人皆笑其疯癫，僧不以为忤复再呼"贵不欲买，买富如何？"遂引村民上山，指点"黄龙"蕴藏不尽富贵，言毕而去。村民发掘，果得一"五色缤纷土"，红、黄、绿、青、紫……灿烂光亮，奇丽炫目。自此之后，众耳相传，蜀山村民以奇土五色烧制紫砂。无须考证这一传说真伪，即使多半为神话传说，但紫砂之五色确是无疑众知的。质性特殊的紫砂原泥黏中带砂，柔中见刚，富有韧性，更独特的是颜色鲜艳多彩——紫色的泥砂、乌色的黑砂、橘色的黄泥、猩红的朱泥、黛色的绿泥，斑斑斓斓，被誉为"五色土"。紫砂塑器装饰画正是立足于这一点充分展现紫砂五色的绚丽多彩。先以天然美色成诗画，宛如清水芙蓉去雕饰，再以寻常生活为画卷追求艺术自然。举例来说，笔者作品《百福》正是突出表现了这一效果。纵览全壶，整体壶面大幅装饰运用五色，色彩变化自然，层次分明，深浅融洽。壶底部采用深褐色浓墨打底，稍上以深褐红色，再上以橙黄淡色，至壶肩及壶盖用以浅蓝，使整个作品色彩自然，变幻宛若天，成充分展现紫砂塑器装饰画在泥色配比运用方面所注重的现代新潮意识。而在笔者的其他作品之中，也可以看出紫砂塑器装饰画泥色配比方面的独到之处，其中"荷塘蛙声""世外桃源"更是在这基础上，强调了以"自然生活为画卷"这一主题特色。

紫砂塑器装饰画的成功所在另一方面还注重于"以作者的思想情趣入画"，讲究作者创意与画面语言的和谐统一，即所谓以意入画。所谓"画"，即是紫砂五色塑造的语言形象;而所谓"入画"，即是把作者的思想情趣融入画中，以紫砂塑器语言充分表现作者的思想情趣，作者创意的成功与否，与画面语言表现有着直接关系。以《鱼乐我心坦荡》作品为例，画面自然表现荷叶、游鱼、戏鸭所组成的一幅荷塘风景画。整体壶型由抽象荷塘而成,饱满的形体由浅入深，顺畅的主线与变化的曲线交织进行，从而使壶体的顺畅流线与荷叶的凹凸曲线形成动静对比，以增加形体的空灵感。游鱼用浅浮雕镶嵌而成，浮雕与绘画相结合，达到与立体"戏鸭"成鲜明对照效果，最终使紫砂塑雕、浮雕、绘画手法与作者的思想创意情趣有机结合达到形神兼备的艺术效果。再如《春江水暖鸭先知》作品，以千古名句"蒌蒿满地芦芽短，春江水暖鸭先知"入意，表现出作者"春江春潮春暖江南"的创意。纵览作品，以"一江墨绿春水绵延贯穿"入题，江岸千丝杨柳桃花盛开，而"江中游鸭嬉戏"借以铺开画卷，自然地完全展现"春江水暖鸭先知"这一主题意境。桃红柳绿江南岸，画面空间仅用几缕春江水联结，既在形式上使画面均匀对称、协调统一，又在意境上表达出"春风又绿江南岸"之境，突出表现"春暖"之意，起到画龙点睛之效，衍生悠闲情趣和惬意情感。

紫砂塑器装饰画除了注重"以色为画""以意入画"这两点之外，还非常注意造型语言与装饰语言的完美结合。造型语言与装饰语言相辅相成难以划清界线，

造型语言与装饰语言的完美结合应像天然瓜果表皮的色彩和纹理一样和谐自然而又完美，无法挑剔。然而紫砂作品毕竟是"人工合成"，制作工艺复杂又经炉火考验，装饰语言与造型语言脱节现象,画蛇添足、牵强附会之说也是有的。一般来说，原因有二：其一是装饰观念不正，忽略为主体造型服务，而把主体当纸面变成追求"纯绘画"语言;其二是装饰方法未抓住要点。而所谓的装饰要点，就是装饰形象的影像与空间。所谓影像，即是装饰形态的外轮廓形象，而空间就是指各外轮廓形态之间的空隙。二者构成了装饰语言的生命，运用得宜方能使形态鲜明清晰，骨架完整给人以深刻印象。例如作品《飞龙在天》，以家喻户晓的"龙"的形象占据整体画面，充分结合外轮廓形态再以嵌绘、描、塑、雕等各种技法结合"空间"表现"龙"这一主体形象。而且，该壶在"龙"这一形象表现上运用了熟练的微刻、微雕手法，用镂空、镶嵌、细刻、浮雕等手段，使其龙须龙麟、龙眼、龙爪处理各不相同，精致而细腻，再配以云雾、喷水等画面，使人在欣赏画面的同时，充分体验紫砂工艺技法的历史传统、深厚基础。

紫砂塑器装饰画，在探索中逐步走向成熟，在紫砂艺海中别起一帆。以色为画，以意入画，以高绝的装饰语言结合造型语言追求"壶中画，画中壶，壶画合一"的极境，势必会随紫砂历史长河源远而流长。

■ 春江水暖鸭先知

第十一届（国家级）工艺美术大师精品展创新艺术金奖

■ 惠风和畅

■ 金玉满堂

# 浅述《金玉满堂》的美好寓意

江苏宜兴 214221　桑黎兵

摘要：紫砂壶《金玉满堂》就是借用金鱼的谐音"金玉"赋予紫砂壶金玉满堂、年年有余的寓意，并且通过在壶身上进行泥绘和雕塑装饰技艺来加深这种寓意，从而使得作品更具有深意和内容。

关键词：紫砂壶　金鱼　金玉满堂

紫砂壶是一种众所周知的陶土工艺品，手艺人通过宜兴当地特有的陶泥纯手工制作，是民间手工艺中的佼佼者，具有地方特色和代表性。因为其原料来自宜兴丁蜀，所以又被称之为宜兴紫砂壶，在众多茶具中因着独一无二的泥料，优秀的性能和优美的造型成为魁首，受到大家的一致好评。据史料记载，宜兴紫砂壶已经有六百多年的历史，其制作工艺建立在千年陶都成熟的陶瓷工艺之上，并经过不断更正完善，已经自成一派；其性能更是经受了时间的考验，泡出来的茶香味久而不散，此外茶壶的外观经过长期的茶水浸泡以及手部的摩擦，会逐渐地变成古玉色；其造型更是精彩纷呈，千变万化，充分展现了中国人的东方美学。除此之外，紫砂壶在发展过程中一直受到文人阶层的关注和改良，因此，它具有浓厚的文人气息以及浓郁的书卷气。无论是诗书画还是陶刻金石等，和紫砂壶结合都相得益彰，使得一把小小的紫砂壶，实用性和艺术性结合，展现出了一定的收藏价值。

受到中国古代文人审美的影响，紫砂壶所追求的是一种古朴雅趣，一种缥缈只可意会的意境，很多紫砂手艺人将诗、书、画、印与茶壶融为一体，并在高温烧制后，形成一种古朴的、年代感的美的形态。这种文化性的创作为紫砂壶艺注入了全新的生命力，极大地拓宽了其艺术发展之路，也为之后紫砂文化的形成奠定了扎实的基础。如今的紫砂壶造型款式众多，装饰手段纷繁，但无一例外都充满了文化寓意，古代有着"壶随字贵，字随壶传"的说法，现代则是壶随内容充满寓意，内容图案随壶流传千古。

随着对紫砂壶的深入了解，我们对紫砂壶的印象就是吉祥、富贵，有着福、禄、寿、喜的美好寓意，那这种寓意如何而来呢？这就要追溯到其仿生的形态、捏塑的内容刻绘的图案了。仿生壶在紫砂传统壶型中很常见，例如葫芦壶，有着福禄的寓意；柿子壶，象征着事事如意；梅桩壶，寓意着梅花的高洁清贵。捏塑的内容包括龙凤，象征着高贵，如日中天等；寿桃壶中捏塑的桃子有给长辈老者祝寿的意义。刻绘的图案更是五花八门，让人眼花缭乱。自古以来，因着"象形""谐音"等文化形式的不同，不同的图案所代表的寓意也不同。举个例子，图案是老鼠代表的寓意是生生不息、数一数二，大象则代表了吉祥如意和万象更新，金鱼代表的意思是金玉满堂、如鱼得水。

紫砂壶《金玉满堂》就是借用金鱼的谐音"金玉"赋予紫砂壶金玉满堂、年年有余的寓意，并且通过在壶身上进行泥绘和雕塑装饰技艺来加深这种寓意，从而使得作品更具有深意和内容。

金鱼是一种历史悠久的观赏性鱼，它

身姿奇异、色彩绚丽，一般都是金黄色，培育到现代颜色已经是五彩缤纷了，形态优美，在中国有着悠久的养殖历史。民间说法金鱼是在鲤鱼的基础上发展起来的，而鲤鱼因着"鲤鱼跃龙门"的传说在民俗文化中有着举足轻重的地位，很多人都在家里养鲤鱼，希望自己能时来运转。金鱼在此基础上发展起来，更是顺理成章的事情。首先金鱼小巧玲珑，翩跹多姿，在水中沉浮自如，金光闪烁，十分具有观赏性。并且，金鱼的"金"字十分讨国人喜欢，在家里养上两条金鱼，谐音"金玉"，寓意金玉满堂、年年有余。

作品《金玉满堂》造型别致，时尚新颖，在古朴雅致的紫砂壶上绘以漂亮的金鱼，并点缀水草、水流，观赏性极强，趣味性十足。壶身扁圆，呈半月形，雅致而复古，圈足处三足鼎立，和壶身合为一体，恰似一池装载着生机灵动的池塘，水波粼粼，水草丛生，金鱼游弋，雅趣十足。而此壶的点睛之笔就是壶钮的设计，壶盖与壶口严丝合缝，微微隆起，盖钮设计成了金鱼的式样，活灵活现，怡然自得。整壶给人的感觉正所谓"金玉满堂"，充满富贵吉祥，巧取金鱼满塘之意，可谓独具匠心，华贵非凡。

此作品不仅美观大气，并以紫泥精制。紫泥是紫砂陶的三大类之一，以质地细腻、性能稳定而受到艺人们的青睐，市场上看到的紫砂泥有百分之八十是以紫泥制作的。《金玉满堂》以紫泥制成壶身，再调配不同的砂泥进行泥绘，因此作品呈现出粒粒紫韵，细腻而不光滑，反而隐约透着粗细不一的颗粒。泥绘图案更是惟妙惟肖，将金鱼的优美形态和缤纷色彩都呈现了出来。作品制作成坯后，艺人在壶身上进行泥绘装饰，一层层稀释后的泥水通

过蘸绘成型，等自然干透后放入窑炉进行1100-1200度之间的高温烧制。最后出窑后的成品，带着泥与火的气息，仿若重生。壶身上的鱼也仿佛活的，在水中尽情游弋，向世人演绎着动静之间美的传奇。

欣赏着《金玉满堂》优美的造型和令人拍案叫绝的泥绘装饰，不仅满足了人们的审美需求，也满足了人们对美好生活的向往。这样具有深意的创作在紫砂历史上并不少见，从古至今很多紫砂大师都将一些具有美好寓意的图案融进壶中进行相应的创作、装饰，虽然壶型不同，风格不同，但是承载的寓意和情感始终是相通的。例如这把《金玉满堂》，虽然艺人在继承传统的基础上进行了后天的泥绘装饰，但是我们依然能从作品中感受到满满的祝福和祈盼，也能从作品流露的情感中感受到作者创作时的心境，倾听到他的心声。因此，在紫砂壶的创作中不单单需要造型上的设计，更需要情感上的融会贯通，只有不断地继承，不断地发扬，才能弘扬传统文化，传播紫砂壶艺。

【参考文献】

[1]《紫砂精壶品鉴》浙江人民美术出版社

■ 鱼跃龙门

荷香图

荷塘蛙趣

风起，叶摇，
花轻语，我们相遇。
徜徉月光，流连藕花深处。
蝴蝶儿睡了，蜜蜂儿睡了，
只有青蛙还瞪着大眼睛，
一个劲地，
叫个不停，
呱、呱，
……

■ 荷塘情趣

■ 荷塘蛙声

■ 全家福

　　壶身饱满鼓腹，平压盖，口盖吻合严密。壶盖上，猴妈妈正给一小猴子捉虱子，关爱之情溢于言表。壶身上，猴爸爸正奋力攀援摘果。一幅和谐的全家福！猴是有灵性的，壶亦是有灵性的，用其品茗，自然可得灵气。

# 探析《全家福》蕴含的紫砂美

江苏宜兴 214221　桑黎兵

摘要：欣赏作品《全家福》，我们会发现作品设计得非常有新意，可谓是新颖独特，题材上选择了猴子这一灵长类动物，运用紫砂捏塑、贴花的技艺体现了和乐之情。

关键词：紫砂壶 全家福 五色土

一方水土养育一方人，而宜兴这座人杰地灵、钟灵毓秀的江南小城则凭借朴实醇厚的紫砂陶土养育了一群勤劳能干的手艺人。这群手艺人靠山吃山、靠水吃水，生长在千年陶都，就利用这里丰富的矿土资源和娴熟的手工艺术延续了紫砂手工艺术。宜兴紫砂壶之所以能闻名遐迩，深受壶友和茶友的喜爱，除了茶壶具有高度的艺术性和观赏性外，还和其制作原料——不可复制的紫砂泥息息相关。这种泥料仅产自于宜兴丁蜀镇，富含丰富的金属元素，烧制出的茶壶色泽丰富，造型独特，可以将茶的色香味成倍地发挥出来，是名副其实的茶具之首。

紫砂壶的色泽非常丰富，这是因为紫砂泥的种类不同，烧制出来的颜色就不一样，在过去紫砂泥又被当地老百姓称为"五色土"。何谓五色土呢？简单地说就是紫色的砂泥、乳白色的白泥、砖红色的原泥、黄色的段泥……因为紫砂泥烧制后的色泽五彩斑斓，没有添加任何色素成分，是极为自然的纯天然原料，所以紫砂泥又叫作"五色土"。人们赋予了它美好的名字，也赋予了它美好的寓意，这些砂土集陶都天地之灵气，成为一方灵宝，被人们发现后更是走出大山造福当地百姓。

紫砂壶的诞生与崛起拉动了宜兴的经济和旅游，使得这座千年古城焕发出新的生机活力，成为附近闻名的新兴城市。

紫砂泥之所以被称为"五色土"，正是因为紫砂泥的颜色五颜六色，斑斓多彩。人们根据紫砂泥所处的矿层位置和结构成分将其分为紫泥、红泥和绿泥三大类，而每一类又由很多小类组成，例如紫泥中有底槽清、紫茄泥之分，红泥又分朱泥、大红袍等，绿泥则有墨绿泥、民国绿等之分。总而言之，每一类泥料之间在成分结构上都有着细微的差别，这也导致了他们在塑造性能、烧制条件、颜色呈现上都有着区别。紫砂壶《全家福》正是选用原矿紫泥精制而成，作品充分利用了紫泥的特性展示了茶壶的强大功能，又加上捏塑、贴花等装饰技法的修饰，流露出了紫砂造型精致、仿生的一面的。

紫泥是所有紫砂泥料中最常见的一种，紫砂市场上有八成的壶都是用紫泥制作的，这和紫泥的性能有着密切的关系。首先紫泥具有很高的可塑性，可以任意加工成大小各异的不同造型，所以紫砂艺人都喜欢选用紫泥制作壶，并可以在壶身上进行任意的创作而不影响壶的造型和效用。其次是紫泥的收缩率小，这就使得烧制的成功率大大提升了。一般紫砂陶从泥坯成型到烧制成品，收缩率在8%左右，这个数字远远高于普通的陶土，这也是紫砂壶优越于其他茶壶的因素之一。紫泥和所有的紫砂泥一样都有着独特的双气孔结构，这使得紫砂壶的透气性很强，同时还能吸附茶甘味，并将其贮存在壶壁，这样神奇的结构不仅带来了稳定的性能，也赋予了紫砂壶不易炸裂，泡茶不易发馊，可以单独成型、不需要施釉等性能，这也是其他质地的陶土无法比拟的。

再重新观察作品《全家福》，我们会发现作品设计的非常有新意，可谓是新颖独特，题材上选择了猴子这一灵长类动物，运用紫砂捏塑、贴花的技艺体现了和乐之情。整壶呈现出紫泥特有的暗紫色，熟悉的色泽加上娴熟的手艺，展现了润泽细腻的外表和圆洁流畅的轮廓，壶嘴与壶把都是进行仿生设计，壶身贴塑了植物的枝、叶、果实，整体彰显了祥和与团结。端详那一簇簇团在一起的果实，和壶盖上紧紧偎依在一起的猴子，就如同一个完整的三口之家，是为全家福之意，包含浓浓的和乐幸福之感。在制作工艺上，更是可以从细节处体现作者的高超技艺，猴子的神情惟妙惟肖，枝叶的形态逼真又清晰，使得作品不仅有着高深的立意，在工艺上也是难得一见的佳品，而泡茶品茗之时，无论是紫砂泥的泥韵还是砂壶的壶韵，更或者是那明确却不俗套的寓意都夹杂在那袅袅泛开的茶烟中，诸多趣味都油然而生。

说起猴子，因为"猴"与"侯"谐音，在古代，封侯拜相或加官晋爵是多数人梦寐以求的事情，所以猴子也因为谐音而有了全新的寓意和价值。于是在艺术创作中添加猴子的元素，就仿佛增加了吉祥、富贵的意义，这极其迎合人们渴望封侯拜相的心愿。而说到猴子，人们脑海中都不约而同联想到了同一画面，那就是能上天入地、火眼金睛的美猴王，《西游记》和勇敢叛逆的齐天大圣是我们童年印象最深的画面，所以紫砂壶《全家福》为

了凸显主题，特意选用"猴子"聪明精灵的形象，更加可以体现"全家福"这个主旨。

欣赏完这件作品后，我们对紫砂壶的造型和主旨有了更加全面的了解，而紫砂壶泡茶的种种好处都体现在了其性能上。相较于一般茶器来说，紫砂的透气性相当好，这是因为紫砂泥料的主要结构——石英的颗粒较大，经过烧制膨胀后在器表形成了双气孔的结构，使紫砂壶气孔微细，密度高，硬度大，以上都是紫砂壶的种种优点，所以常常让人爱不释手。壶友们将茶壶带回家精心温养，砂壶逐渐褪去原始的陶土味，砂粒在吸附了茶脂后变得光滑润泽，包浆在一次一次的淋茶中渐渐形成，生成幽幽之光，变得夺目而不媚俗。

一把紫砂壶几百年来承受了太多，经过不断地发展和继承，它已经不再是单一的紫砂壶，更是一个象征文化和精神的符号。无数的紫砂艺人为了心中的紫砂梦在这块热血的土地上前赴后继，就是为了延续宜兴人民的文化梦、强国梦，希望通过传承与弘扬，将紫砂壶这门手艺发扬光大。

【参考文献】

[1] 李景端、王敖盘.《茗壶竞艳》.江苏译林出版社.1992年版

[2] 陈传席.《紫砂精壶品鉴》.浙江人民美术出版社.1993年版

■ 玉鼠运财

■ 晚秋壶

■ 松风虎啸

■ 玉兔呈祥

■ 龙行天下

■ 苍松灵机

■ 金马玉堂

■ 吉羊得意

■ 母子情深

■ 安居乐业

閑趣
黎兵

■ 和睦壶

■ 三羊开泰

■ 鸿运通天

■ 虎虎生威

■ 牧童晚归

# 浅谈紫砂装饰艺术手法的几种主要方式

江苏宜兴 214221　　桑黎兵

【摘要】宜兴紫砂陶以其千姿百态的造型方式和优雅大方的装饰手法，历来深受社会各界人士的喜爱与追捧。紫砂陶艺术涉及范围广泛，主要有各式茶具、花盆、花瓶、餐具、雕塑陈设品等，虽然紫砂陶造型万千、形式各样，但一般来说几乎所有的陶瓷器皿都是需要一定的艺术装饰的，这就像人的衣服鞋帽，也必须经过一定的组合装饰才能显现出不同衣着的造型美感。

【关键词】紫砂艺术　装饰手法　主要方式

紫砂业界中的装饰艺术一般针对的是造型三大种类中的花器来进行，当然也有一些光器和筋纹器成型后的简单装饰。对于紫砂装饰艺术而言，根据装饰手法在整体壶型塑造中使用时间段的不同，一般可以分为两类：完整型自体装饰和分段式混体装饰。完整型自体装饰指的是紫砂艺人在创作的过程中自觉或不自觉地将造型工艺与装饰工艺合为一体，而后一竿进行到底的紫砂装饰方式，简单来说，就是以装饰手法为主体来进行整体壶体造型的设计与塑造；分段式混体装饰指的是在壶体造型塑造的过程中或壶体主体造型塑造完成之后，由创作者或者他人进行的再设计、再策划、再构思的分段式装饰形式，分段式混体装饰的特点在于"后加"二字。

对于紫砂艺术装饰手法的分类而言，完整型自体装饰与分段式混体装饰的区别从根本上来讲，就是装饰手法在整体壶体造型塑造中起到的主次地位的不同：自体装饰，装饰部分与整体壶体造型是一体的、完整的，因此称之为"自体"装饰；混体装饰，装饰部分与整体壶体造型是二体的、分段的，因此称之为"混体"装饰。前者往往在整个壶型设计中占据着主导作用，自体装饰的改变就是整个壶型创意设计的改变；而后者往往在整个壶型设计中起到从属修饰作用，混体装饰的改变往往只是改变了整体壶型的一些外观效果，而整体壶型的创意设计是不变的。

宜兴紫砂在数百年的发展成型过程中，紫砂装饰手法也伴随着不断发展、不断演变，逐步形成了不同风格、不同形式、不同技艺的紫砂装饰艺术手法。

## 一、紫砂陶刻装饰手法

紫砂陶刻装饰手法是紫砂艺术中最为普遍常见的装饰手法，它是紫砂主要装饰手法之一，在紫砂装饰艺术中的地位是显而易见的。在实际运用中，紫砂陶刻讲究"以刀代笔、以刻代绘"，融诗、书、画、刻诸艺术于一体，具有强烈的民族风格和地方特色。元末蔡司霑《霁园丛语》里记载说："余於白下获一紫砂罐"，有'且吃茶、清隐'草书五字。"是见于著录最早的紫砂陶刻文字。紫砂艺术历史上陶刻成就最辉煌者当为陈曼生，其作品被世人称为"曼生壶"，而"字依壶传，壶随字贵"的典故足见其对紫砂陶刻艺术的历史贡献。

作品《读书破万卷》就是运用了紫砂陶刻装饰的壶体造型，其创意时设计成套壶模型，壶与杯的"把"都被精心设计成古代夫子模样，而壶盖"盖"书，充分体现了古典文化中"万般皆下品，唯有读书高"的意境，此鲜活造型被运用到紫砂艺术的创作中，刚好与紫砂文化、茶文化的古典雅致的特性相宜。而壶体陶刻装饰而成的诗句"读破万卷书，下笔如有神"在整体壶型创作中作用至关重要，正是这一"点睛"之笔，使得夫子形象、古书形象串联起来，从而直白但强烈地表达了紫砂壶型的创意。

## 二、紫砂浮雕装饰手法

紫砂浮雕装饰手法指的是在壶体造型上采用浮雕、贴塑的装饰手法进行图案性的装饰，这种装饰手法在紫砂"花货"创作中尤为常见，是其最基本的装饰手法。对于紫砂浮雕装饰手法来说，同样可以根据装饰时段的不同、自体与混体的区别分为两类。其一是在固定几何形体的壶体上，按需求加以不同的装饰，往往在同一壶体几何造型上通过运用不同的装饰元素可以装饰出同类却不同形的作品来。比如说一代紫砂大师朱可心曾在同一几何造型壶体上分别运用"松针""竹叶""梅花"之类不同的装饰元素，塑造出了具体形式有别的"常青壶""竹节壶""报春壶"紫砂造型。其二是浮雕图案与壶体造型浑然一体，此类壶体造型的设计在设计之初就必须把浮雕图案整体考虑进去，达到造型、装饰同步设计，一并考虑的效果。

### （1）"分段式混体型"紫砂浮雕装饰手法

作品《松鼠葡萄壶》的创作就是运用了"分段式混体型"的紫砂浮雕装饰手法。具体来说，观此壶，葡萄的枝叶藤果在扁圆型的壶体上进形了浮雕贴饰。浮雕贴饰出的葡萄枝叶充满了立体空间感，使得葡萄松树的想象更加真实形象，另一方面对于娇小可爱的松鼠在树间跳跃嬉戏画面的塑造，通过三维立体的塑造也起到了对应塑造的效果。再比如说作品《壶藤野趣》中"葫藤"的塑造描述也是采用了浮雕贴饰的手法，通过浮雕贴饰成的"葫藤"形象与"葫芦"形象形成了立体画面，生动而又形象。

### （2）"完整式自体型"紫砂浮雕装饰手法

作品《南瓜壶》的创作采用了"完整式自体型"的紫砂浮雕装饰手法。《南瓜壶》整体装饰造型构造的是"南瓜"的形象。由于整体壶型设计成了"南瓜"状，因此在壶型设计之初就已考虑"南瓜"藤叶的位置与形象，可以说整体壶型的造型决定了此壶的装饰。同样的作品《寿桃壶》的创作也是采用了"完整式自体型"的紫砂浮雕装饰手法。纵观壶型被设计成了一个硕大的"寿桃"，浮雕贴饰的枝叶也是在设计之初就已经基本定型。

## 三、紫砂泥绘装饰手法

紫砂在民间被称作"五色土"，由此可见其泥色体系是何其的丰富，所以在紫砂装饰艺术中自然而然地产生了利用紫砂泥色丰富鲜艳的特点来自我装饰的手法，它就是紫砂泥绘装饰手法。紫砂泥绘装饰手法以紫砂泥料为"墨水"、为"颜料"，以绘代工，以绘代笔，或绘山水花鸟，或绘人物博古，或绘书法诗词，或绘人生格言，融诗书画诸艺术于一体，具有强烈的民族风格和地方特色。

采用紫砂泥绘所制的紫砂壶，一般有

着紫砂黯淡深沉的神韵，同时还具备了书画色彩的光华，而不同于一般宣纸书画的是紫砂壶体上作画所特有的"画纸"特色，往往能够"书画"出一般书画没有的风采神韵来。

作品《江山如画壶》就是采用了紫砂泥绘的装饰手法，映入眼帘的壶体直接地给人江山风景如"画"的感觉。在壶体泥绘装饰中，作者充分地利用了紫砂"五色土"丰富而又鲜艳的色泽，泥厚则色深，泥薄则色浅，在一描一绘之间，在一薄一厚之间，充分运用紫砂泥料的不同色泽搭配，自然随意地勾勒出一幅江山风景图。

四、紫砂镂雕装饰手法

紫砂镂雕装饰手法指的是采用一种"镂"技法的装饰手法，俗称为镂空。而所谓的镂空，即在坯体达到一定的干湿度时，按一定的设计要求用专用刀具将部分坯体镂透剔空的一种装饰手段，它在紫砂艺术装饰手法中并不多见。紫砂镂雕装饰手法有着双层与单层之别，它在双层或单层的坯体上，先设计规划好艺人所需要的图案，合理布局，无论人物、山水、书法、诗词内容，都能按艺人的设计要求达到理想效果。它用专用工具，雕出镂空的纹样或书体，使之凸显出来，层次丰富，画面有立体感，主题突出，精巧灵秀。紫砂镂雕，始于明末清初，流行于清康熙、雍正、乾隆时期。传世之作《玲珑八竹壶》是清代初期时的紫砂镂雕精品。细观它的外形：由八节竹段均衡分布，紫砂镂雕装饰手法主要应用在八节竹段的凸起部分，装饰内容为层层密布的竹枝竹叶，层次清楚，竹枝竹节形姿各不相同，玲珑剔透，立体感强。壶盖八节竹段中央为一粗竹，亦镂雕竹枝竹叶，与壶身所对应。

紫砂艺术装饰手法类别丰富，工艺手法奇妙独特。除了上文所述几种紫砂装饰手法之外，还有许多极具特色的装饰手法没有叙述。术业有专攻，对于涉及不深的其他装饰手法不宜妄下断语，毕竟紫砂艺术是千万人、数百年、数十代的艺术，它的振兴发展需要每一个紫砂艺人不懈的努力。

■ 芳兰独秀

■ **蒲塘野趣**

扁圆的壶身，壶口处几道圈线，

营造出水波灵动的妙境。

那壶钮，恰似一滴落入水中又弹起的水滴。

壶身上，荷叶碧绿，荷花盛开，两只鸳鸯畅游水中，

默默相望，体现了爱情的坚贞。

荣获首届河北省中国紫砂精品展特别金奖

是"人工合成"，制作工艺复杂，又经炉火考验，装饰语言与造型语言脱节现象，画蛇添足、牵强附会之说也是有的。一般来说原因有二：其一是装饰观念不正，忽略为主体造型服务，而把主体当纸面，变成追求"纯绘画"语言；其二是装饰方法未抓住要点，而所谓的装饰要点就是装饰形象的影像与空间。所谓影像，即是装饰形态的外轮廓形象，而空间就是指各外轮廓形态之间的空隙，二者构成了装饰语言的生命，运用得宜，方能使形态鲜明清晰、骨架完整，给人以深刻印象。例如作品《飞龙在天》，以家喻户晓的"龙"的形象占据整体画面，充分结合外轮廓形态，再以嵌、绘、描、塑、雕等各种技法结合"空间"表现"龙"这一主体形象。另外细说的话，该壶在"龙"这一形象表现上运用了熟练的微刻、微雕手法，用镂空、镶嵌、细刻、浮雕等手段，使其龙须、龙鳞、龙眼、龙爪处理各不相同，精致而细腻，再配以云雾、喷水等画面，使人在欣赏画面的同时，充分体验紫砂工艺技法的历史传统，深厚基础。

谈及紫砂花货塑器的装饰艺术，就不得不说它的两个显著特色——"色"与"画"，"出色入画""以意入画"。这二者就是所谓的出"色"入画，也正是现代紫砂花货塑器装饰画的关键所在，在如今花团锦簇的紫砂艺海中别起一帆，逐渐在探索中从新兴走向成熟，终将以其高绝的装饰语言结合造型语言，立志追求"壶中画，画中壶，壶画合一"的艺术画面极境。因此，"紫砂塑器装饰画"势必将会随紫砂历史长河的渊远而流长。

■ 晨欢壶

新涨鸭头绿，春满白苹洲。
小停画鹢，莫便折柳话离愁。

鱼动莲舟，荷叶卷颜，
菡萏娇羞，一池萍翠，
三分醉色，
古韵清淡了忧伤……

■ 月下私语

■ 晨 曲

■ 年年有余

第十二届中国（国家级）工艺美术大师精品展金奖

菊香

己己年冬月憑壺人樂呆

162

## ■ 幸福满满

壶身饱满圆润，流、把、的子为葡萄树干造型，且包嘴装饰。

壶把上胥出的枝蔓叶自然逼真，枝下一只松鼠趴在一串葡萄上，

却又警觉地看着远处，十分传神。

壶钮上一只松鼠也发现了一串葡萄，内喜而不张扬。

■ 南瓜壶

宽叶有心遮野草，长藤无意绕天荒。
金花怒放蜂蝶醉，银果羞藏号鼓腔。
南瓜枝繁叶茂，藤蔓缠绵，
是发达兴旺、生生不息的象征。

溪山幽居

166

壶身饱满圆润，嵌盖，口盖吻合严密。
流、把、的子皆为葡萄藤造型，
包嘴装饰，壶把自然弯曲如弓。
壶把胥出一枝，贴于壶身，
沐浴在春风里，新叶初长。
点点红斑，如初春霞光，如春的使者。

■ 春意浓浓

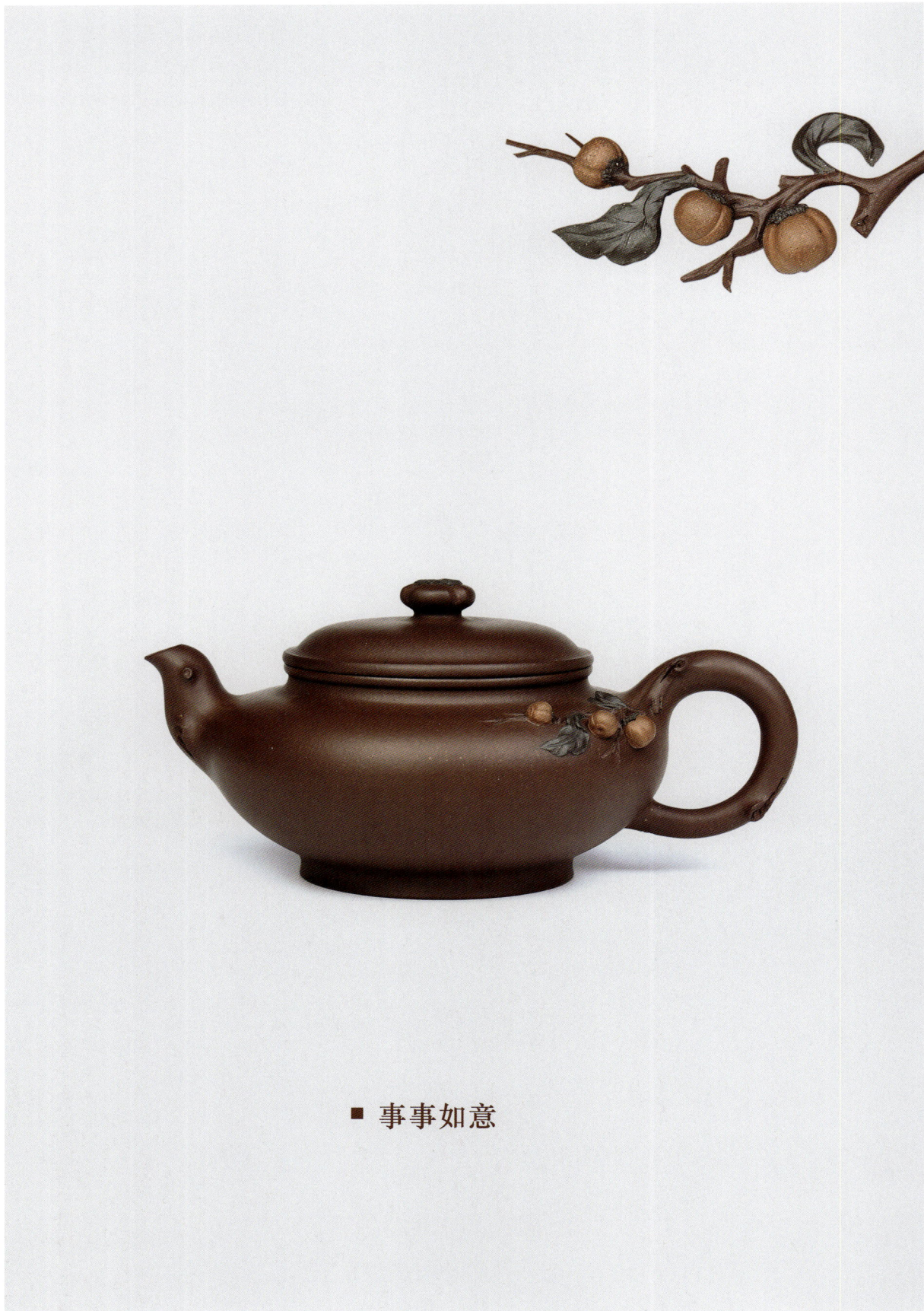

■ 事事如意

美丽源于自然，
让我们保持自然美，
从自然中走出自然，
从迷人的世界中走出优雅。

■ 静心壶

■ 时来运转

■ **生命与自然**

第九届中国（国家级）工艺美术大师精品展金奖

## ■ 梅花三弄

众芳摇落独暄妍，占尽风情向小园。

疏影横斜水清浅，暗香浮动月黄昏。

■ 梅桩壶

■ 岁寒三友

■ 松柏延年

■ 蓬春壶

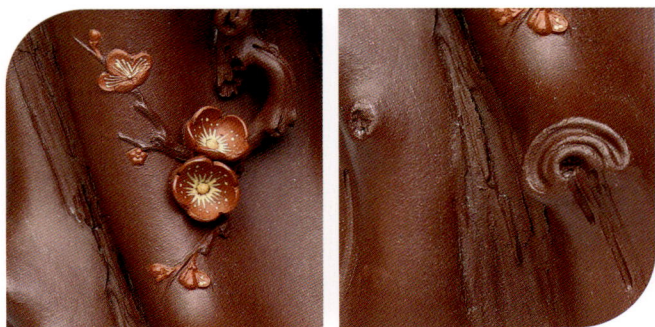

## ■ 含香待放

　　看惯了正统的梅桩壶，再看这把梅桩壶，顿时让人眼前一亮。壶身为一段倾斜的梅桩，流、把、的子为梅枝造型，均依势倾斜，斜而不倒。这一斜，斜出了风格，更斜出了精神。几点梅花，或含苞或怒放，晶莹玲珑，栩栩如生，似有暗香袭来。

183

以色为画 〰 以意入画 〰 壶画合一

■ 喜上眉梢

梅桩壶身，流、把为梅干，
从壶身自然胥出，
向上伸展，桀骜不驯。
一弯梅枝贴合于壶盖作钮，
嵌盖，口盖吻合严密。
点点梅花，点缀枝干之间，清香典雅。

■ 春报吉祥

■ 雪梅壶

　　"雪虐风号愈凛然，花中气节最高坚。过时自会飘零去，耻向东君更乞怜。"这是陆游的《梅花绝句》，将梅花最宝贵的气节概括得恰到好处。

　　作品不但体现了高超的技艺，同时也打造了花货的立体美。冷艳而漂亮的雕刻梅花，苍老的枝干，无不生动而完美，那种源于自然又高于自然的形态之美令人折服。花货要求对线条的追求亦能很好地把握，质感光滑圆润，视觉上繁简相宜，线条自然，动静统一，这无疑是一种艺术的升华！

　　整壶以一段梅桩为造型，尽显此壶的气势与张力，壶钮用一身段异形的梅枝为造型，以突出梅树顽强的生命力，并以梅节等相辅之，丰富整个壶盖的装饰，也与壶身相呼应。壶嘴与壶把均以梅枝造型来表达，宛如从梅桩壶身自然生成，刚劲有力。壶把以一枝蜿蜒盘曲，婀娜多姿的梅枝塑成。

## ■ 冬梅壶

■ 腊 梅

■ 铁骨梅香

■ 一叶清心

■ 生命之源

■ 岁寒情深

■ 花开富贵

■ 国色天香

丰收时节

■ 田园风情

■ **壶藤野趣**

壶身为一只横躺的葫芦，瓜藤自然弯曲贴合于瓜身成为壶把。壶钮葫芦造型装饰且部分表皮已被啃噬，大小葫芦上各有一只瓢虫，惟妙惟肖，野趣横生。

## ■ 五福临门

一曰寿，二曰富，三曰康宁，四曰修好德，五曰考的终命。
五福临门万利盈，其乐亦融融。

第十一届中国(国家级)工艺美术大师精品展金奖

■ 寿桃壶

## ■ 包涵壶

第四届中国（国家级）工艺美术大师精品展金奖

## ■ 包涵壶

壶艺本天成，信手拈来之粹，然勿人为，自有日月天。

# 走近紫砂艺术的神奇

江苏宜兴 214221　桑黎兵

陶都宜兴的紫砂艺术，始终有着它的神奇，这份神奇自它诞生那一刻起就已经开始。

在风景如画的陶都土地上，自古流传着一个有关紫砂起源的神秘传说。在老一辈紫砂艺人的口中是如此描绘的：古时有一神秘异僧，有一天来到了阳羡古城之南的蜀山村落时，这位异僧口中不停地叫卖着"卖富贵土，卖富贵土！"。当时蜀山村的居民都觉得很稀奇，"富贵土"这可是闻所未闻的新鲜事物，于是都朝着异僧观望，静静等待着异僧的下文。异僧见大家没有动静，于是又放开喉咙大声喊道："贵不欲买，买富如何？"随后就带着几个村民朝着附近的青龙山和黄龙山的陶穴走去，到了那里村民们果然看到了五彩缤纷的富贵土——红、黄、绿、青、紫……关于紫砂泥料的称谓，除了"富贵土"之外，还有很多人称呼其为"五色土"。所谓紫砂"五色土"，指的是紫色的砂泥、乳色的白泥、暗红的原泥、橘色的黄泥……这些砂土集陶都天地之灵气、山川之精华，乃是上苍赐予的得天独厚的宝物。用其做壶色泽古朴雅致，质地经久耐用。紫砂品种繁多，就算其内部的几种陶土的特性也互有不同。现在就来简单分析一下紫砂的主要种类吧：首先是紫泥，乃是紫砂壶的主要制作原料之一，深藏在甲泥之中，因山腹受自然压力形成的。泥种类颇多，有烧制后呈冻梨色的梨皮泥，制后呈松花色的淡红泥，绿色的黄泥，以及光滑的本山绿泥等。接下来就是红泥，它同样是紫砂壶的主要制作原料之一，其深藏在泥矿底部，质地坚硬如石，产量较少，一般制作着色的原料。还有团泥，它处于紫砂矿层上面的一层，质地较嫩，产量少，一般只用作胎身外的粉料，使紫砂陶变幻出多种色彩。

紫砂之所以被称作神奇，并不仅仅因为它那神话色彩的传说和其表面色彩的丰富，它的材质内涵同样神奇。紫砂乃是一种颗粒较粗的陶土，含铁、硅较高，它的原料呈沙性，虽然硬度高，但不会瓷化，而且它的内部呈团形颗粒，外层则是鳞片状颗粒，两层颗粒可以形成不同的气孔。紫砂的材质决定了其优秀的艺术可塑性，它的可塑性足可以模仿任何器物和自然生物，再结合自身特色，往往能栩栩如生，令人叹为观止。紫砂的神奇在文化内涵方面则表现为它能轻易地融合其他文化，达到共同发展的最终目的。历经数百年的历史沉积，紫砂文化在完美结合我国悠久茶文化的基础上，融合造型、书法、绘画、雕塑、篆刻等多种艺术文化的精髓与其他文化神奇结合，使得它自身的历史文化价值大大提升，同时还促进了其他文化的共同发展。其中最为典型的事例就是陈曼生与他的曼生壶那脍炙人口的"壶因字贵，字随壶传"的千古美谈，至于历代那些文人骚客与紫砂结下的"风流韵事"更是举不胜举。

"老旧之壶，散发黯淡之光，虽仅以白水冲泡亦能淡淡茶香"，这句话则鲜明地道出了紫砂的神奇。首先，相较而言紫砂新壶虽然色彩丰富招人喜爱，但经年累月细心"侍养"之后的老旧之壶，虽然被"洗"去了那分明的色彩绚丽，但它却蒙上了一层更加迷人的朦胧色彩——黯淡之光。在养壶修心之余，能够亲眼见识它的黯淡光华，我想大多数人会被它的神奇给"慑"住。另一方面，上了"岁月"的老壶，虽白水亦"淡淡茶香"，这确实是无比神奇的。我们可以从它的本质上来求解：紫砂由于它的独特材质，具有气孔以及吸附性，故紫砂壶壁能自然而然地吸收茶汁，使用一段时日后而积"茶锈"，因此上了"年纪"的老壶，即使空壶注入沸水亦能"淡淡茶香"。也正由于这份特性，紫砂壶还有着一个人性化的神奇——紫砂壶择茶，养壶之道在于"从一而终"，一把紫砂壶要想养成商品，必须从一开始就坚持只泡一种茶，这也就能保证其"淡淡茶香"的醇正。紫砂的材质特征所诱发的神奇，除了以上所说的之外，还有一点就是紫砂壶泡茶，即便暑季，逾夜也不馊。

若要再举出点紫砂的神奇之处的话，就应该是它的传播面之广——上至宫廷官吏，下至巷陌庶民，可谓三教九流、五行八作，各个阶层皆有同道中人。紫砂文化更是漂洋过海，随着茶文化一道为全世界人民所钟爱，有一句话可以这么说"热爱紫砂的心，没有国界"。

紫砂是神奇的，它的神奇之处，也许仍被淹没了许多，需要所有"惜壶、爱壶"之人共同来发掘创造。

■ 四大美女（泥绘）

■ **四大美女**（泥绘）

■ 四大美女（金丝）

■ **雅风提梁** 画家范曾画　桑黎兵制

雅风提梁

范曾画 桑黎兵制

喜欢竹林，
是一种心境，像品一盏茗茶，
向往一场烟花，
在朦胧中插上彩云追月的翅膀，
在竹林间嬉戏，在夕阳下留恋。

落墨

花宵
戊
戌

■ **莲界壶** 范曾画　桑黎兵制

江畔如意明月照，清风浮动荷叶飘。
蛙叫蝉鸣不绝耳，正是仲夏好时节。

■ **挎包壶** 范曾画 桑黎兵制

以色为画 ＼ 以意入画 ＼ 壶画合一

■ **一品香壶** 范曾画　桑黎兵制

■ **文房四宝** 范曾画　桑黎兵制

■ **秦权壶** 范曾画　桑黎兵制

■ **玉笠壶**　范曾画　桑黎兵制

以色为画 \ 以意入画 \ 壶画合一

■ 一帆风顺 范曾画　桑黎兵制

**■ 倒把西施** 范曾画　桑黎兵制

■ **德钟壶** 范曾画 桑黎兵制

■ 鱼罩壶 范曾画 桑黎兵制

■ **掇球壶** 范曾画 桑黎兵制

# 浅谈紫砂壶器的陶刻装饰

桑黎兵 朱亚琴

（宜兴紫砂工艺厂 宜兴214221）

前言

宜兴紫砂工艺品是一种民族性较强的传统工艺品，自北宋以来经千年的艺术春秋，以她古朴而端庄、敦厚而大方的丰富多彩的壶体造型，及传统工艺的性格特征、神似的表现手法，自立于世界陶瓷艺苑之中，成为人们陶冶情操，提高文化素养的良师益友。玩砂壶已成为一种人类的精神享受。

紫砂陶之所以久负盛名，驰名中外，主要是历代艺人承前启后，发扬光大，及历代文人雅士的参与指点，把中国民族文化中的工艺、绘画、书法、金石等与紫砂造型艺术结合赋予了她新的艺术生命。人类总是按照美的规律来塑造事物的，紫砂陶的创作和欣赏也是人类精神活动的产物，是通过火与艺的考验而淬炼出的一种文化，是实用的饮器，也是具有鉴赏价值的艺术品。而紫砂壶的美则在于融壶泥、壶色、壶形、壶款、壶章题铭、绘画书法、雕塑、篆刻等艺术于一体，呈现出姿态不一巧具特色的形体。下面就紫砂雕刻装饰工艺简单阐述它如何将质朴的紫砂活跃起来。

## 1. 陶瓷装饰艺术——陶刻的由来

由于紫砂壶陶器泥坯易于刻画的缘故，在最早的木刻文字尚未发现以前，就有了陶刻文字(即有了陶刻)，它是中国出现最早的文字。在商周时代出土的瓦和陶器上就有了陶刻，在秦代出土的陶俑陶器上都有著名作坊的陶刻表明陶工名字的陶文，也有刻上皇帝诏文的陶刻。就此可以说明，随着原始陶器的出现和发展，就有陶刻的存在。

所谓紫砂壶器陶刻装饰，即是在制成的紫砂壶上以刀镌刻正、草隶、篆等各种书法或山水、花卉等国画白描。初开始，文人品茗赏壶有茶诗之作，如北宋欧阳修、梅尧臣留下不少诗句，但终究只是精神上的契合，尚未能成为壶上艺术，直至元代开始有陶刻紫砂壶器装饰的发明。元代的蔡司霑在他的《霁园丛话》里有一段叙述："余於白下获一紫砂罐"，有"且吃茶、清隐"草书五字。明代的供春壶把柄下壶身刻有小篆"供春"二字。早期陶刻以署名为主，铭文都刻在壶底或茶盖口圈之外甚不显处。

清代乾隆、嘉庆年间茶事兴盛，紫砂茗壶自然地吸引了社会上精于品赏的书、画、金石家及文人墨客，他们纷纷介入紫砂，在出样定制的同时，挥毫笔装饰壶。而紫砂陶刻装饰历史上最为辉煌的时期应该是嘉庆、道光年间"曼生壶时期"。他经常构思出样，由杨彭年等施工造壶，然后他和幕友江听香、郭频迦等撰词、书画并铭刻，世称曼生壶。

文人的介入为紫砂艺术带来了另一种气象，他们与制壶艺人合作的艺术品主要是满足自赏的要求，但随时代的变迁而几度兴衰，然而至今不绝，可能是从邵云如开始，他既是宜兴的名书画家，又是直接经营陶业，因此他成为陶刻专业人士。由此，在紫砂行业中形成了陶刻这个专门技艺——陶刻装饰，而陶刻装饰随历史的兴衰师承徒习，一直沿袭至今。

### 2.陶刻装饰的特性——刀的艺术

宜兴紫砂陶器的装饰方法很多，装饰的内容也随陶刻的作者感受而纷杂不一。现就书法艺术的雕刻，在刀形、执刀、运刀技法上做个简略的介绍。

首先是刀形。陶刻多为薄型料口刀，它的切口整齐光滑，细如毫毛的牵丝和书法中笔锋止行、留的精彩细部能表现书法的运笔转折点，能笔意连绵地用刀尖轻轻带过，相当于书法用笔"提"。

其次是执刀的方法。紫砂陶刻的执刀法是用执笔法。陶刻刀薄而利，陶坯质地"润"而"嫩"。以执笔法执刀只需指腕用力，就能运刀如笔，心手相应地表现出十足的"笔味"，这是最基本的方法。因为陶刻只能以刀的刀柄套在一个圆形的空心笔杆中，坯件不动，刻中要稍稍捻动刀(笔)杆，就能调转刀锋的方向，如此便可解决以刀就坯的问题了。

第三是刀法。紫砂陶刻的刀法，主要有两种，即双刀正入法和单刀侧入法，而这两种刀法也是围绕"笔味"这个中心来设计的。双刀正入就从墨迹的一边下刀，刀杆直立用来表现书法中的中锋。单刀侧入是从墨迹一边下刀，刀杆微侧用来表现书法中的侧锋。而用刀的轻重、深浅、粗细、力度的刚柔，线条的曲直……则皆能表现出作品的意念和思想。

双刀正入一般指刻底子，即先用笔墨为书，后顺其墨迹运刀，技法讲求运行自如，不留痕迹，上刀略重，复刀轻行，亦

可顺刀自左至右，逆刀自右至左，但行刀时要一刀到底，不要滞刀。轻重要恰到好处，各种书体和各种画面的表现也有不同用刀的方法来处理。其中要领是以明快果断气脉相通来表达笔墨的神韵。单刀侧入，一般不易掌握，它要汇集画面、金石、文学修养而综合的表现操作，更必须有较高的文化修养及艺术修养，并且一定得具备双刀正入法的熟练基本功，扎实的动刀技巧，并通晓诗、书画、金石等诸多艺术并恰到好处地融汇在一体。要达到较高的艺术境界，则要作者胸有成竹，意在刀先，先力求着刀前的构思布局，下刀时准确而洗练，一刀起落，还要注意笔画的起势和收势。刻时要全神贯注，一气呵成，既要放得开，又要放得准，干净利落，胆大心细，才能从刀中见神采，刀下见神韵。这样的作品刀痕明显，锋芒刚劲，给人以气势磅礴，奔放雄浑的感觉。

由于紫砂壶的古朴，陶刻用中国传统的书法、国画来表现显得更协调一致。使陶刻既不同于民间画，亦不属宫廷画而较为接近文人画，但又独为一体的艺术。

### 3.名家陶刻的装饰

任淦庭在多年的艺术实践中，积累了十分丰富的经验。他先是通过画面，然后以平刀、斜刀两种刀法雕刻，操作时指刀动转适当，腕力均匀，刀法珠圆玉润，他雕刻画面和书法逆顺相称，总结起来为三个字：撇、剔、捺。他的镌字和刻画都能做到结构相称，刀法分明，真正是以刀代笔。至于精细品的雕刻，他认为要用斜刀，以显示挺秀优美的精神。

沈觉初，早岁曾由名画家吴待秋收为弟子，所作山水，功力深厚。沈觉初在绘画之余，好以刻竹自娱。刻竹艺术，历来沿用"留青"刻法，到他手中，始创浅刻

法，以刻出书画原作的笔意、笔势见长。他的陶刻艺术，力主理解原作，以刀传神，既不损害原作精华，又能再现手迹气韵。

陶刻装饰应该有它独立存在的表现形式、意境及追求,以体现它的艺术存在价值，因此陶刻艺术不仅仅是把书法、国画、金石、图案等临摹，肖似地搬移再现于紫砂壶上，而是与紫砂壶器的造型讲究形、神、韵的一致，追求艺术的内涵相结合，起到画龙点睛的效果。"字随壶传、壶随字贵"在技与艺的搭配下，才能真正充分发挥紫砂的傲人身世。

■ **西方喜神** 与雕塑家吴为山合作

# 因爱而美丽

—— 慈善义卖感言

作为一个立志以艺术语言凝聚世间美丽的紫砂工艺师，至今不敢说美丽是什么，只能说因什么而美丽。

艺术的创造者，无不追求创造一份富有自我风格的艺术美丽，但一个艺术缔造者，只有心里充满了爱——热爱生命、热爱生活，才能乃至热爱艺术，只有如此的艺术追求者，才能令他与他的艺术绽放出应有的美丽。但美丽的含义是没有边界的，当它的创造者放宽自己的心胸，把他的爱心尽可能地扩大，不局限于自我小爱，假如对于其他人同样心存仁爱之心，那么他与他的艺术境界也会同样变得宽广，他的艺术美丽自然将会伴随着更加灿烂。

公益慈善不是作秀，也不是任务。当你为这个社会奉献出力所能及的一点爱心的同时，你得到的将会更多。可曾想过，当自己借助着前人的奋斗，在祖国日益强盛的今天，生活是一天一天富裕，才能有机会全心追求各自心中的梦想。俗语有云"饮水思源"，当社会给了你很多之后，自己也已经有能力为这个社会做点力所能及的事情，那么有什么理由不尽自己的能力，把人的爱心回报这个社会呢！

真的很庆幸能得到这样一个向社会回报自己爱心的机会，得识泰达志愿者协会，得以有幸参加本次慈善义卖展，得到如此一个绝好的机会能够为社会做点个人应尽的义务，心里甚是安慰。看着凝聚着自己理想心血的艺术结晶，能够绽放它的美丽，能够实现它的最大价值，仿佛世间再没有任何其他的事情可以令自己这么欣喜——欣喜于越来越多生命坎坷的孩子能够继续绽放笑脸，欣喜于越来越多即将辍学的学子能够再次放飞梦想，欣喜于越来越多孤苦无依的老人能够在平静的回忆中乐看夕阳……而最令人欣喜的是这一切的其中都有可能存在自己的一点爱心，靠着无数这些人的"一点"才凝聚成了社会无尽的关爱。

时刻抱着对社会感恩的心，时刻抱着对弱小仁爱的心，你会发现你付出的其实很少，你得到的将会更多，仅仅能够胸存这份赤子之心，就已经能让你的人生变的意义无穷。

240

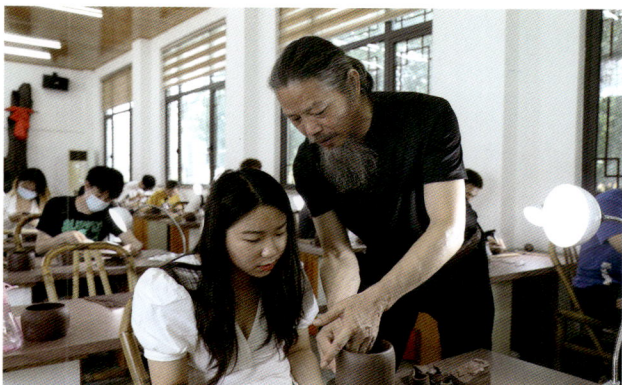

图书在版编目（ＣＩＰ）数据

紫脉 / 桑黎兵著. -- 哈尔滨 ：黑龙江美术出版
社，2022.2
ISBN 978-7-5593-8274-0

Ⅰ．①紫… Ⅱ．①桑… Ⅲ．①紫砂陶—陶瓷茶具—鉴
赏—中国 Ⅳ．①K876.3

中国版本图书馆CIP数据核字(2022)第028906号

书　　名：紫　脉 *ZI MAI*

出 品 人：于　丹

作　　者：桑黎兵

责任编辑：步庆权　李　曈

责任校对：徐　研

版面设计：陆子瑶

出版发行：黑龙江美术出版社

地　　址：哈尔滨市道里区安定街 225 号

邮政编码：150016

发行电话：（0451）84270514

经　　销：全国新华书店

印　　刷：芜湖瀚诚印刷有限公司

开　　本：889mm×1194mm 1/16

印　　张：15.4

字　　数：123千字

版　　次：2021年12月第1版

印　　次：2021年12月第1次印刷

书　　号：ISBN 978-7-5593-8274-0

定　　价：288.00元